松下幸之助
管理丛书

素直な心になるため

素直之心

松下幸之助论为政、经营和做人的本心

【日】松下幸之助 著

赵 鲲 译

人民邮电出版社

北 京

图书在版编目（CIP）数据

素直之心：松下幸之助论为政、经营和做人的本心 /
（日）松下幸之助著；赵鲲译. -- 北京：人民邮电出版
社，2017.6
ISBN 978-7-115-45776-9

Ⅰ. ①素… Ⅱ. ①松… ②赵… Ⅲ. ①松下幸之助（
1894-1989）－商业经营－经验 Ⅳ. ①F715

中国版本图书馆CIP数据核字(2017)第089584号

内容提要

　　素直之心是松下幸之助先生最推崇的品质和精神，他认为素直之心是一颗不被任何外力束缚、不为私心所困之心；是一颗能够直达事物本质、顺应发展之心；也是一股督促人走正道、业行正路的浩然之气。

　　如果人人都有一颗素直之心，就都能明辨是非黑白，在判断事物时头脑清醒，在执行具体工作时拥有强大的行动力。如此一来，为政者能施仁政得民心，经商者能实现多方共赢，普通人也能顺应天理人情，尽力克服困难。

　　本书是松下先生培养素直之心，用素直之心成功经营事业和生活的总结，内容涉及素直之心的内涵、素直之心的作用、缺乏素直之心的危害和培养素直之心的实践。不管是为政者、企业经营者还是一般读者，读完本书都能有所收获，从而更好地推进决策和经营，提升生活质量。

◆　　著　　　[日] 松下幸之助
　　　　译　　　赵　鲲
　　　责任编辑　许文瑛
　　　责任印制　焦志炜
◆人民邮电出版社出版发行　　北京市丰台区成寿寺路 11 号
　　邮编 100164　电子邮件 315@ptpress.com.cn
　　网址 https://www.ptpress.com.cn
　　涿州市般润文化传播有限公司印刷
◆开本：787×1092　1/32
　　印张：5.5　　　　　　　　　　2017 年 6 月第 1 版
　　字数：70 千字　　　　　　　2025 年 11 月河北第 23 次印刷
　　著作权合同登记号　图字：01-2016-8603 号

定　价：35.00 元
读者服务热线：（010）81055656　印装质量热线：（010）81055316
反盗版热线：（010）81055315

出版者的话

在日本企业界，有四位传奇人物，分别是松下的创始人松下幸之助、索尼的创始人盛田昭夫、本田的创始人本田宗一郎和京瓷的创始人稻盛和夫。他们一般被称为日本的经营四圣。在这"四圣"之中，松下幸之助更是被尊为"经营之神"。

无论在哪一个国家的企业界，能获得成功的企业家都不计其数，但能够提炼出经营之道的企业家却为数不多，能够成为众人推崇的"神圣"级别的人物，则更是凤毛麟角。而松下幸之助，无疑在企业界建立起了一座丰碑。他不但创立了一家享誉全球的成功企业，而且提出了一套具有普遍意义的经营哲学。

松下幸之助一生获得的荣誉数不胜数，他在日本国内获得多次授勋；在国际上，获得荷兰、巴西、比利时、西班牙等国家的授勋或爵位。作为仅仅上过四年小学便辍学的人，他晚年孜孜不倦地著书立说，写了大量浅显易懂又富含哲理的文章。由于他的这些成就，1965年，松下幸之助获得日本早稻田大学的名誉法学博士称号；1986年，获得美国马里兰大学的荣誉博士称号。不可否认，松下幸之助逝世后，松下集团的经营产生了种种问题，但是，这并不能抹去松下幸之助的成就和思想贡献。正如福特公司和通用公司的荣光不复当年，但亨利·福特和艾尔弗雷德·斯隆却盛名常存一样，松下幸之助的实践、思考以及著作，都给后人留下了一笔宝贵的财富。

其中，他的"素直之心"和稻盛和夫的"敬天爱人"同样朴素、也同样都是人间大道。稻盛和夫师从松下幸之助，所以二人的理念有许多一脉相承之处，二人都顺应并立于时代趋势之上，从东方哲学中吸取养分，发展出一套经营和处世的哲学体系，并在企业和社会中推广践行。

他们骨子里都有一种与生俱来的大爱和使命感，始于事终不止于事，始于利终不止于利。因此，他们的著作中，传达的是一种道而非术。

在互联网时代，创业不难，持续经营才是难题；在信息时代，获取信息并不难，甄别和决断才是难题；在物质文明高度发达的时代，生存并不难，拥有幸福感和平常心才是难题。而我们惊讶地发现，这些难题在松下先生的著作中都有解答。

2014 年，松下幸之助诞辰 120 周年同时也是他逝世 25 周年之际，其一手创办的 PHP 研究所，在松下第三代传人松下正幸的主持下，重新整理出版了松下的一批著作。这些著作均为松下亲笔撰写或者口述，在日本甚至在全世界都影响深远，无数的读者都曾有意或无意中研习过松下的经营理念以及人生哲学。

为了给国内的读者系统、完整地介绍松下幸之助的管理理念和独特思想，也为了更好地面对上述提及的难题，我们精选了其中的八本著作，内容涵盖松下幸之助的哲学观、决断艺术、用人识人之道、经营之道、人生观、对未来领导者的建言，以及松下思想的精华"素直之心"和"日日新"，共八个方面。

这八个方面传达的都是道，而不是术。术是生长在道上的一种方法，而道则需要我们躬身践行。知易行难，希望大家通过阅读这套书，都能摆脱既有观念、知识、经验、情感的束缚，修得一颗素直之心，发现真相和本质，更好地经营企业和生活。

2017 年 5 月

前　言

　　"怀有一颗素直之心吧，素直之心会使你强大、正直、智慧。"

　　PHP研究所的月刊杂志 *PHP* 上，每期都会刊载这句话。实际上，我从很早之前就深感素直之心的重要性并反复强调。

　　为何我会如此执念于素直之心，并且号召大家怀有素直之心呢？因为在我看来，素直之心会给人与人之间带来最好的相处状态。我们每个人都渴望真正的繁荣、和平与幸福，都希望身心得到满足，从而和谐愉快地生活。换言之，我们都期待更好的共生环境。但梦想与现实之间存在一定的差距，要实现这种状态并没有想象中那么顺利。

究其原因有千千万万条，归根到底就是大家的生活中存在各种各样的问题。每个人都想实现心中所想，却没有准备好能与所愿之事相匹配的思维、态度和行动，因而总是在事败之后怨天尤人。

我认为，为实现心中所想，关键就是要准备好与所愿之事相匹配的思维、态度和行动，而其根本就是要心怀一颗素直之心。

怀有一颗素直之心，立足每个人的生活，营造更好的共生环境，到那时我们都会更加幸福和成功。

这就是我常常强调素直之心、劝人怀有素直之心的原因。在本书中，我将与读者朋友们一起，重新思考"何为素直之心"以及"怎样做才会有一颗素直之心"。本书也将成为我今后培养自己素直之心时反复翻阅的一本参考书。当然，并不是读了此书，人人就都能有一颗素直之心。但是我想本书对养成素直之心多少有一点帮助吧，哪怕只是帮助了一个人，我也将深感荣幸。

松下幸之助
1976 年 8 月

目 录

1

目 录

1

素直之心的意义

不再重蹈覆辙

对现在的人来说，第二次世界大战是一段遥远的历史，期间以及之后那段痛苦的经历，能感同身受的人越来越少。日本于"二战"战败后，一度深陷物资极度匮乏的状态，当时每一个日本人都深感物资的重要性，因此在战后很长一段时间内，整个日本社会都在为丰富物资而不懈努力。

时至今日，我们实现了一定程度上的物资丰富。但不可否认的是，物质层面的需求得到满足的同时，精神层面的需求并未得到满足，并且这种不满足的呼声日渐强烈。换言之，在当今日本社会，我们可以看到许多精神匮乏、内心荒芜的现象。每个人都站在自己的立场，受个人得失的驱使，以自我为中心进行思考与行动。有一些人根本无视他人的存在，犯下罪行也毫无悔改之意。这样一来，人与人之间就产生了许多对立与纷争，甚至开始互相仇视。长此以往，我们怎么可能做到内心豁达、舒适生活呢?

当然，这种社会状态并不是日本独有的。回顾人类发展的历史，无论是东方还是西方，都不乏战争与流血事件。究竟是什么原因使人类不断遭遇这种不幸呢？这其中的原因很复杂，并不是三言两语就可以解释清楚的。不过，可以肯定的一点就是，人与人之间受欲望驱使产生了种种嫉妒、憎恨之情，由此演变成各种不幸。正因如此，即使时代在前进，人类社会依然会不断遭遇不幸，人们的生活也极有可能再次陷入悲惨的境遇。

今时今日，我们不能让历史重演。为此，我们每个人都应该保持内心的平衡，不受利己主义思想左右；相互尊重，幸福地度过人生。这难道不是我们人类原本就可以做到的事情吗？

人人怀有素直之心

那么，为什么我们在现实生活中时常感受不到这种令人满意的状态呢？关于这一点，我相信大家都有各自的见解与看法。我个人认为，归根到底是因为人们在很多时候迷失了这颗素直之心。换言之，在很多情况下，人们受欲望与利益的驱使，双眼被蒙蔽，不能认清事实真相，和他人产生不必要的争吵甚至对立，最终陷入不幸。

这样想来，想要过上平稳幸福的生活，不让昨日的不幸重演，最需要的正是人人心怀素直之心。

那么，究竟何为素直之心呢？怀有素直之心是不是就意味着躲避分歧，对他人言听计从呢？答案是否定的，因为在日语中，"素直"一词原本就有可靠、积极的含义。

所谓素直之心，即不被任何外力束缚，能拨云见日看清事物本质的一颗心。正是因为我们心怀这颗素直之心，才拥有认清事实真相的能力。所以，素直之心也是一颗能够抓住真理、顺应发展之心。

若人人心怀素直之心，就能对世间万物做出适时适当的判断，明辨是非黑白与正邪善恶，明白哪些事情可以做，哪些事情绝对不可以碰，哪些事情又需要我们有自觉完成的觉悟。总而言之，这颗素直之心会使你强大、正直、聪慧。拥有智慧会使你变得贤明，而这份贤明达到一定高度的话，你便会拥有神明般的睿智头脑。在判断事物时，你能头脑清醒；在执行具体工作时，你能拥有强大、"正当"的行动力。

素直之心是人之本心

在我看来，这颗素直之心是人类与生俱来的，是人之本心。在生活和工作中将素直之心完完全全展现出来，是人类原本应有的、理想的状态。

说起"何为人类"这一话题，我曾在《思考人类（第一卷）》一书中详细谈到过。简而言之，我认为人类天生具有支配万物的王者风范。

人类与生俱来的王者风范能够拉近彼此的距离，共同经营生活，发挥世间万物各自的特性，从而创造出令每个人都满意的生活环境，让每个人都能感受到幸福。

那么，究竟怎样做才能完全发挥出这种王者风范呢？关于这一点，我在《思考人类（第一卷）》中以

"人道"进行表述。每个人都要持有身为万物王者的自觉，寻求万物最本真的状态，做到与万物共生。

如何才能做到人走正道、业行正路呢？很重要的一点，就是在充分理解人道及正道真正含义的基础上，不断实践。归根到底，最不可欠缺的还是我们每个人心中的这颗素直之心。总而言之，正因为人人怀有素直之心，才能实实在在地行正道，在现实生活中更好地发挥出我们的王者风范。

究竟怎样才能做到人人坦诚相对，心怀素直之心呢？难道我们需要去做一些特别的修行才能成就素直之心吗？当然，经历那些所谓的苦难修行，可能会起一定的作用；不过我们应该清楚地认识到，"人之初，性本善"，每个人天生就是拥有素直之心的。也就是说，并不是那些经历过特别修行的人才能成就素直之心，我们每个人只要在生活中与人坦诚相待，在努力实践中前行，就能保有一颗素直之心。这颗素直之心实质上是人之本心。

为什么素直之心难以体现

人类天生怀有一颗素直之心，那么为什么在生活中常常体现不出来呢？我想其中一个原因就是我们在成长之路上受到了各种各样的"牵绊"。

刚刚出生的婴儿，其心灵如清水一般澄澈，他们要玩具时，会直接表现出想要的心情。这就是素直之心毫无掩饰、完全展现出来时的姿态。

我们在孩提时代都曾毫无掩饰地展现过自己的素直之心，但在经历过种种人生际遇后便很难如此。人生中总会遇到一些不如意的事情，经过这些事我们都学会了一套碰壁后的解决方法。这也是人类不断学习、变得聪明、变得智慧的过程。

从另一方面来看，这也是人类成长必经的过程。可惜的是，伴随着这份成长，这颗素直之心也在发生着变化，它越来越难展现出来，或者说它被隐藏在我们获得的知识与智慧里。

例如，小时候家长会告诫孩子"不要说谎"，孩子一开始会用心守护这份诚实。但是，随着孩子慢慢长大，他们渐渐学会了隐藏一些不利于自己的事实。正是这份自我保护的"智慧"，使得我们的素直之心不能更好地展现出来，或者说我们用"智慧"这件外衣将素直之心遮盖了起来。

这种保护自己利益的"智慧"虽然有令人满意的一面，但如果我们只看重这一面，不就等于掩盖了我们的素直之心吗？

不谙世事的婴儿最初都怀有一颗素直之心，但随着岁月流逝、经验累积，人们在考虑问题时往往开始瞻前顾后、顾虑重重，素直之心就这样被隐藏了起来。

素直之心遍及各种人际关系

当人们的素直之心都被隐藏起来之后，就会产生各种令人不愉快的状况。就像我们之前提到的，如果人与人之间不能坦诚相待，就很容易产生对立、纷争甚至仇视；容易造成误解，发生憎恨、不信任、责难、攻击等令人不愉快的事情，招致很多不幸。

如今，世界上一些特殊的地区仍然频发战争和流血事件，太多的人因此失去了生命。回顾漫长的历史，人类走到今天，在各个领域取得了无数伟大的成果；与此同时，在人与人之间的关系上仍然存在着很多问题。所以说，人人心怀素直之心这一点，无论在现在还是在将来，都是极为重要的。

当然，上面提及的因素直之心被隐藏招致的不幸，不仅仅指一些特殊地区的纷争和战乱事件，还指许多和平地区发生的"不幸"事件。大到国家内部，小到我们身边，这种人与人之间的"不幸"时常发生。总而言之，在处理人际关系的问题上，无论涉及的范围大小，保有一颗素直之心都是至关重要的。

　　若是人人都能怀着素直之心经营生活，那么整个社会就会呈现出一片幸福、安逸的局面。人类的王者风范也能更好地展现出来。进而，人类的精神文明与物质文明也能共同发展。每个人的身心都得到了满足，不就能开心、幸福、平和地生活了吗？这样想来，这颗素直之心还真的是最重要、最珍贵的。

　　以上就是我对于素直之心的个人理解。为了加深大家对素直之心的理解与认识，接下来我将分别以"素直之心的内容""素直之心的效用""丢失素直之心的弊端"以及"素直之心的养成实践"为主题展开说明。

2

素直之心的修心十诫

在第 1 章中，我们谈到了素直之心的重要性以及意义。在这一章，我想谈谈素直之心的内涵。

如果我们不去探究何为素直之心，再怎么空谈素直之心的重要性也是无济于事的。就像命令我们向东前进，而我们连东在哪个方向都不知道的话，很可能就会走错方向，因此我们首先要了解何为素直之心。

在这一章，我将以修得一颗素直之心的十条训诫为载体，详细展示素直之心的内涵。

其实，修心十诫中的任何一条内容都不是哗众取宠的新奇内容，而只是一些极其平凡的陈述。关键是这些平凡的训诫，究竟有多少人入过心进而切身做到了呢？因此，从另一个角度来讲，这些看似平凡的训诫中反而有一般人难以到达的高度。

看了这十条训诫大家就会明白，素直之心的内容涉及方方面面，与之对应的实践难度也不尽相同。这样看来，在心怀素直之心、坦诚待人这条路上，我们最好先以比较容易到达的高度为目标，之后再逐渐向更难的高度努力。

下面我逐条展示修心十诫的内容。

不受私心所困

所谓素直之心，就是一颗不受个人利益与欲望驱使、不为私心所困的心

素直之心的内涵之一，就是不受个人利益与欲望驱使，不为私心所困。

一般来说，人们在生活中存有私心，追求个人利益与欲望，其实是很正常的。反过来讲，毫无私心的人，即那些像神明一般的圣人，他们已经从俗事中超脱了出来，达到了我们这些凡夫俗子远远无法达到的境界。我们普通大众一般都是带着各自的私心去生活和工作的，即便如此也无伤大雅。

但是，我们不能被私心所困，成为个人利益与欲望的奴隶。当我们由私心驱使去思考问题和行事时，往往会引发一些令人不愉快的事端。例如，政治家受私心驱使，一切政治决策都只顾自己一方的利益，那么绝大部分的国民利益将会蒙受损害，而政治家本人也将失去国民的支持。又如，受私心驱使去做生意的话，容易陷入损害他人利益只顾自己赚钱的境地，从大环境来看不利于整个社会的健康发展，最终也会伤及自身信用，这难道不是自掘坟墓吗？所谓做生意，就是与世人打交道，是一种"公"的行为，被私心所困是行不通的。

实际上，当今世上，有很多被私心所困的人。这些人在大多数情况下都会招致不幸。特别是那些手握各种权力的人，若是受私心驱使去行事的话，将招致不可预计的灾难。

所以说，人人心怀素直之心是多么重要啊。若是能做到心怀素直之心，我们即使存有私心也不会被其所困，而会照顾到他人的感受。

　　为政者若是能够做到心怀素直之心，那么他们在考虑自身所属党派、团体利益的同时也能够深切考虑他人的利益。这样一来，其做出的各项政治决策就会从全体国民的利益出发，从而更好地推进决策，提升人们共同的生活质量，个人幸福感也随之得到提升。

　　做生意也是一样的道理。经商者要同时考虑到自己、生意伙伴、客户三方的利益，在优质服务上下功夫。只有这样，才能生意兴隆，才能真正做到有利于社会发展。心怀素直之心、不被私心所困，也可以看作是为了实现双赢或者多赢，这种心态往往能够推动事情朝着更好的方向发展。

　　当然这不仅仅是针对政治和商业领域，这种不为私心所困的态度及行动，在小至日常生活的方方面面、大到整个社会活动中，往往都能给我们带来满意的结果。

　　话说回来，做到了不为私心所困，不正是心怀素直之心的表现吗？

倾听

所谓素直之心，就是一颗无论面对何人何事都懂得谦虚倾听的心

在日本战国时代，有一位名为黑田长政的武将。相传他每个月都会召开两到三次题为"不可生气"的谏言大会。参会者一般有六七人，以元老家臣为首，都是些足智多谋、谏言献策、忠于主公之人。

在会议开始前，黑田长政总是会发表例行致辞："今夜所提之事，众人听后切勿上心，绝不可对他人提及，更不可于交谈时不悦动怒。然，可畅所欲言。"

参会者在立誓遵守上述原则的基础上，直抒己见，开诚布公地批评黑田长政的缺点，指出其在处理事务上存在的不合理的地方，甚至为被其惩诫的家臣鸣冤。总而言之，在这个会议上，参会者会提出一些平日里难以启齿的话题。

据说，有时黑田长政会面露不悦，此时家臣们就会问他："您这是怎么了？感觉您好像生气了啊。"黑田长政听到后，面色马上缓和下来，说道："哪里，哪里，我没有一丝不悦。"

这种谏言大会非常有效，所以黑田长政在他的遗书中说道："今后，该谏言大会仍须照我所立规则每月召开一次。"

说起战国时代的武将，我们脑海中浮现的多是在战场上指挥全军作战，对部下厉声喝斥的形象，他们都握有生杀大权，所以人人敬畏。家臣在向主公进言之前大都已经做好切腹自尽的心理准备。正因如此，除了视死如归的忠臣，谁也不敢直言劝谏。

如此一来，君主不听取良言，被甜言蜜语蒙蔽，势必会误国误民。黑田长政正是深知忠言逆耳利于行的道理，才提议月月召开谏言大会的。

当然，黑田长政也非圣人。家臣当面指责他时，他也会生气。但他知晓若是生气动怒，此谏言大会将形同虚设。因此在会议开始之前，他事先声明"不可生气"，立原则约束彼此，以避免发生冲突。这实为明智之举。

谏言大会得以长久召开，是因为黑田长政心怀一颗谦虚的心。他深知自身存有不足，还有未体察及不懂之事，需要别人进言提醒自己、鞭策自己。

当然，作为主公，他希望自己的江山绵延强盛，这是他的治国之道。不过在这之前，他更明白，人无完人，谦虚接受他人的意见是非常重要的。正因如此，他能够把家臣的指责当做鞭策自己的良言，虚心听取意见。

这份谦虚来自于我们每个人的素直之心。无论在哪个时代，我们都需要以谦虚的姿态听取别人的意见。

　　换言之，心怀素直之心就能培养出谦虚的态度，有了谦虚的态度就不难接受别人的意见。黑田长政之所以能够长久维持爵位，就是因为他能够谦虚听取他人的良言。

宽容

素直之心中包含一颗接纳所有人和事物的宽容之心

人活在世间，通常都不会离群索居。平日里人与人之间相互接触、靠近，有着特定关系的人们之间开启共同生活的模式。在这种共同生活的模式下，有很多非常重要的事情需要我们尽力去实现，但我认为让每个人都得到幸福是最为重要的一件事。而想让每个人都生活得更好一点，就一定要有"宽容"之心。

世界上没有完全相同的两个人。有的人高，有的人矮；有的人声音洪亮，有的人柔声细语。如果个高之人对个矮之人恶语相向，"世界上怎么会有这么矮的人，真是难看至极"，想必个矮之人必定会暴怒。不过，即使后者再怎么生气，也无法轻易地从这种共同生活的模式中逃离。所以说，若是因不能认同彼此间的差异而心生排斥的话，人们是很难找到一个令人满意的共生环境的。当然，高矮歧视只是一个比喻，现实生活中遇到此类分歧并不会夸张到这种程度。但是，不可否认的是，人类因宗教、种族的不同而产生的纠纷屡有发生且影响巨大。

每个人的个性、风格虽然不同，却都有其存在的价值，也都值得被尊重。如果每个人都能充分发挥自己的特质，我们共同生活的品质也就能得到提升。因此，即使世上有你看不惯的人和事，也不该恶语相向；而应承认其存在，彼此和睦相处。惟有如此，每个人的才智才能得到自由、充分的发挥，人们的生活才会越来越好。

所谓宽容，就是心胸开阔，温暖待人，对别人的过错不过分苛责。对那些曾犯下错误却心怀善意、真心改过的人，我们不应该因为他曾经的过失而永远憎恨他、否定他。

人们往往察觉不到自己的错误，或者热衷为自己所犯的错误辩解，而对他人的罪行难以原谅、心存芥蒂。因此，当他人做错事时，人们很快开始责难、谴责，很难以宽容的心胸去看待这一切。事实上，如此数落对方的过错，是很难达到劝人改过的目的的，反而容易招致争吵、怨恨等纷争，情况会变得愈加糟糕。

考虑到以上这些，我们每个人都需要培养宽容之心，做到彼此容纳、谅解。温厚待人，他人自会宽容待己。若是如此，我们的生活也定将更加融洽、更加安逸。人与人之间的情感也会更加深厚，每个人的才能也能得到充分的发挥。

那么，这颗如此之好的宽容之心究竟从何而生呢？当然，还是来自于我们的素直之心。换言之，心怀素直之心，自然就会心胸宽广。

心怀素直之心，我们便能够客观、全面地观察每一个人和每一件事物，并使其发挥应有的价值。心怀素直之心，自然会明白每一个人和每一件事物的优点、存在的意义和价值，从而悟出"天生我材必有用"的道理。反过来讲，正是由于存在差强人意的事物，我们才能看到其他事物的好处。这也是所谓的坏事物存在的价值。

总而言之，心怀素直之心，自然就会有对待世间万物的宽大心胸。

洞悉真相

所谓素直之心，就是一颗可看清事物本质、洞悉真相的心

素直之心，可以说是一颗可以看清事物本质、洞悉真相的心。心怀素直之心，便能看清事物的本质，做出正确的判断。

透过精心打磨、无色透明的眼镜，我们所看到的是事物原有的样子。同理，透过素直之心，我们所看到的也是事物的本质，从而可以根据看到的事实去思考、判断。

如果我们透过有色眼镜去看待事物又会怎样呢？所看到东西的颜色一定和实际的不同。比如用蓝色镜片去看东西，白色被看成蓝色，就不能看出事物原有的样子。再如，若所戴眼镜的镜面扭曲，那么看到的事物也必定是扭曲的。

　　然而在日常生活中，我们很容易戴着有色眼镜或是扭曲镜面去观察事物。例如，站在自己已有的知识、学问层面去观察，或是受自己欲望的驱使、站在个人得失的角度去分析；再者，受主观思想左右等。虽然每个人都有很多不得已而为之的事情，但是归根到底还是因为我们被自己的感情、想法所束缚，看不到事物的本质。即使我们想要正确看待事物，也难免被各种"有色眼镜"误导、蒙蔽。

　　日本人又是如何看待自己的呢？是否能够客观而理智地分析自己呢？如果不能，就不可能看清自己的真实样貌，真正了解自己。

　　目前，整个日本社会，大到政治生活等社会活动，小到日常生活的方方面面，都存在很多问题。人与人之间的纷争不断，人们深陷苦恼。导致上述情况发生的原因之一就是人们缺乏素直之心，以一种带有偏见的态度去判断事物和采取行动。

　　长此以往，将不利于个人和整个社会的健康发展。要避免发生这种状况，就要引导人们培养素直之心。只有心怀素直之心，才能拨云见日，看清事物的本质，从而做出正确、适当的判断。

　　如此说来，素直之心确实有其伟大之处。假如我们都能做出正确的判断，然后采取适当的行动，那么整个社会就将呈现出一派安稳、和谐的景象。

　　总而言之，人人心怀素直之心，就能看清一切事物的本质，做出正确的判断。

知晓道理

所谓素直之心，就是一颗能够以广阔的视野看待事情、知晓道理的心

日本宽永年间，担任德川幕府勘定奉行（日本战国时代官职，五奉行之一）一职的播磨守，真心实意为农民和商人谋求利益。当时，幕府规定商人要缴纳一定的税金。有一位富商想要垄断甲斐国生产的手纸的经营权，曾诚恳请示幕府："我愿多出一千两税金，请将这项买卖交给我。"

为了这件事，幕府的官员商讨了很久，大部分人都表示赞成，只有播磨守一人提出反对意见，此事因此就被搁置下来。不过这位富商仍不死心、再三恳求，终于在三年后得到了老中（江户幕府官职之一，辅佐将军、总理全部政务的最高官员）等执政人员的一致同意，核准了他的申请。当时，播磨守很担心地说："若是今后不会招致贼盗频发，我也就同意此申请了。"在场的人员进一步追问其何出此言，播磨守说了以下这番话：

手纸是生活必需品，对社会经济贡献很大。但是其价格便宜，利润微薄，所以我不清楚富商多缴纳的一千两税金是从哪里获得的。但若是靠提高纸的批发价，进而再提高零售价的话，那手纸的市场价格将会水涨船高。

对于富人来说，价格略微上涨无关痛痒，可对于穷人来说，只能通过抬高自己买卖的价格来获得购买高价手纸的生活费用。这就是经济链，一物价格上涨，万物价格随之波动。

物价波动一旦加剧，社会问题也会随之形成。有一部分人难以维持正常的生计，只好铤而走险，走上偷盗之路。若是整个社会盗贼横行，用何种手段才能防范呢？我们不能因贪图这一千两税金的小利而破坏了整个社会的风气。我恳请各位再认真考虑一下，为了提高税收，导致物价上涨，这样做真的值得吗？

众人听后纷纷表示播磨守思虑得很周详。

的确，从幕府官员的立场出发，增加一千两税收是好事。这也正是大部分官员赞成经营权转给富商的理由。不过，这种想法只看到了眼前利益，或者说是一种很表面化的思考方式。

而播磨守不仅看到了眼前利益，还看到了由此带来的影响以及可能导致的后果。因此，他认为税收增加一千两的利益背后，隐藏着更大的隐患。

那么，播磨守的远见究竟从何而生呢？大概是因为他拥有宽广的视野，深知看待事物应从多角度、全方位出发，不应只关注表面。而他能够知晓此理，正是由于他心怀一颗素直之心。

进一步讲，若是播磨守没有深入社会、关注民生，他也不会有如此的远见。而他能够深入了解社会，正是由于他那颗深知民生疾苦的素直之心。也就是说，我们若想培养远大的目光、宽广的视野，做到明事理、晓道理，就必须心怀素直之心。

此外，值得一提的是，播磨守认为盗贼横行反过来也会引发物价上涨。因为盗贼一多，政府将面临增加治安人员、家家户户再安装防盗锁等问题，这无论是对于社会还是个人，都意味着加大开销、加重负担，物价必然会随之上涨。

放眼当下，我们也时常为物价上涨问题所困扰。此时，应像播磨守一样，深知其中的道理，以长远利益为重去看待问题。为了能够做到这样，就应该先在培养素直之心上下一番功夫。

谦虚学习

所谓素直之心，就是一颗不断学习、虚心求教的心

如果我们能够积极度过此生，多体验、多学习，那么长此以往我们的知识和经验就会与日俱增，个人和社会也会不断进步、不断发展。

在日常生活中，我们每天都会和别人进行简单的交谈。如果只是泛泛而谈，想必聊完后也不会有什么收获。但是，如果我们能够秉持学习的态度进行交谈的话，也许就能够在不经意间获得一些意想不到的知识。所以，只要我们拥有求知的欲望，就一定会在日常聊天或是生活工作中，学到很多不曾了解的知识或是吸取一些别人的经验教训。

学习这件事儿，从来都不是只能在学校完成的。是否能在有限的人生中学到无限的知识，取决于我们是否有一颗虚心学习的心。若是没有虚心学习之心，无论看到过什么、做过什么，都只是"走马观花"而已，事后不会有任何收获。例如，即使经常与人交谈，也不会注意观察他人的举止，了解各类社会动态等，而只是停留在空谈和八卦的层面。

有时，我们的某句无心之失会招致对方不愉快，甚至会产生口角，这时就要懂得反省。换言之，如果我们能够谦虚做人，勇于承认自己的过错并真心道歉，不仅能化解矛盾，还能避免一错再错。

反之，若是没有虚心学习之心，则不会反省自身、虚心改过，以后免不了就会重蹈覆辙。人们要成长，不仅可以通过个人体验去学习，还能从他人失败的经验或是社会百态中学习。总而言之，一个人若是不能虚心求教，就很难借他山之石攻玉；也就不会发现他人的优点和智慧，取他人之长补己之短。

从长远来看，不虚心不但不利于自我的成长进步，还将阻碍自身所属团体的发展。因此，人人都应培养虚心学习之心。

只要用谦虚的态度不断学习，我们就会发现任何人、任何事物，都有值得学习之处。从虚心学习之心出发，人人都能积极向上、不断进步。

虚心学习之心也来源于素直之心。之所以这样讲，是因为素直之心如白纸一张，能够吸收、接纳一切。我们在这张白纸上可以任意书写绘画，画面永远填充不完。心怀素直之心，就能以谦虚的态度看待任何人和任何事物，并从中吸收知识与经验。比如聊天时获得一些启示，看到路旁的花草得到一些人生感悟。日积月累，不断学习。

总而言之，只要心怀素直之心，就能以虚心的态度看待世间万物，在不断学习中获得新的知识，从而产生谦虚、求新、积极的态度。

融通无碍

所谓素直之心，就是一颗不受拘束，思想、见解能与万物互相融合的心

素直之心，也是一颗融通无碍之心。换言之，只要心怀素直之心，无论何时遇到何事，都不会惊慌失措，而能随机应变、镇静处理。这样一来，我们就不会固执己见或是被固定模式所绑架。对于无比困惑、毫无头绪的事情，也能应对自如。

古有牛若丸途经京都五条桥受弁庆拦截一事的记载。据说，弁庆欲夺其身上所佩大刀，牛若丸身手敏捷，轻松躲开，趁隙还给了弁庆狠狠一击，令弁庆输得心服口服。若是牛若丸没能敏捷躲开，必将死于弁庆刀下，更不会有日后留名青史的源义经。

融通无碍之心的作用，从某一方面来看，就相当于牛若丸的矫健身手。所谓融通无碍，并不是彻底改变自己的想法，而是随机应变，寻求更合适、更正确的看法。如此一来，才能够如牛若丸一般，一击即中，满意收场。

简单来说，每个人都难免遭遇失败。但失败并不可悲，因失败而灰心丧气，沉迷于消极的状态之中，无疑是在缩短生命的长度，这才是真正的悲剧。

换一个角度来想，若能心怀素直之心，考虑事情时能够做到融通无碍，就能避免陷入上述不幸之中。即使深受失败的打击，也能把失败看作成功之母，重新振作起来。

凡事要懂得变通，遇事不钻牛角尖。无论失败的打击有多大，也不放弃人生，而是勇敢地重新来过。即使悲伤过、颓废过，也能重新站起来，努力生活，用力微笑。

养成素直之心，遇事就能少一些想不通，处理问题也能随机应变，就如流水一般，冲走障碍物。同理，只要心怀素直之心，无论遇到什么困难，我们都有信心战胜它，勇往向前。

人人心怀素直之心，则可以避免不必要的冲突、纷争，维持和谐的状态，用笑容经营生活与事业。

总而言之，拥有素直之心，就能积极向上，随机应变，做到事事融通无碍。

平常心

所谓素直之心，就是一颗无论遇到什么事情都能够保持冷静、泰然处之的心

日本"剑圣"宫本武藏所著的兵书《五轮书》中讲述了很多兵法要义，其中提到，"兵法之道，贵在能够时刻保持一颗不骄不躁的平常心"。这就是说，即使在战场上，也应该持有一颗平常心，保持冷静、沉着应战。但是，说起来容易，做起来难啊。

战场是搏命的地方。兵戎相见，一决生死，所以很容易令人陷入极度紧张或是亢奋的状态之中。

不过，当精神一直处于紧绷状态时，人们反而难以冷静思考，身体也容易僵硬，失去敏捷的身手与反应，最终导致失败。

战场上的失败往往意味着死亡。正因如此，保持冷静的头脑才显得格外重要。宫本武藏之所以主张应该随时保持平常心，冷静处事，正是出于这个原因。

当今社会，我们几乎没有需要决一生死的时候，当然，一些国家和地区偶发的战争除外。因此，我们上文所述的平常心并不只是决一生死时需要，在我们日常生活中也是不可或缺的。

无论是在日常生活还是工作中，我们经常看到由于失去冷静而惨遭意外失败的例子。

例如，为了赶时间忽略交通标志而发生交通事故，使自己受伤甚至丧失生命的例子不胜枚举。再如，司机超车时速度过快，造成伤亡的惨剧也屡见不鲜。可见，虽然我们现在不用搏命沙场，但也避免不了一些人为原因导致的死亡事件。所以，我们应该随时保持一份平常心和一颗冷静的头脑。

此外，人与人交往或是参加考试和各种竞技比赛时，保持一颗平常心也是颇为重要的。

只要人人心怀素直之心，就一定能够培养出平常心以及冷静的头脑。换言之，以素直之心去看待事物，就能够冷静地观察和分析问题。

一个人之所以会失去冷静的头脑，是因为心有杂念，不能平静。就如我们上文所说的车祸，是由于内心被一种"不快一点就赶不上了"的念头控制才发生的。这样说来，素直之心就是要做到心无旁骛。

所谓素直之心，就是一颗无论遇到什么事情都能够保持冷静、泰然处之的心。

认清价值

所谓素直之心，就是一颗能够辨别好坏、判断事物价值的心

假如有人向你提供好的建议，你会以什么样的心态去回应？

对此，你可以采取多种态度去回应。第一种是"谢谢您给我提出的宝贵意见"，用感谢的心情接受，然后让其发挥作用。第二种是"多管闲事，毫无用处"，用拒绝的态度回应对方。第三种是认为对方"嘴上说为我好，说不定为了自己的利益有什么猫腻呢，还是小心为妙"，因此不但拒绝接受对方的建议，还怀疑对方的好意。

心怀素直之心的人，一定会采取第一种回应方式。因为他们能够分辨好坏，对别人的善意表示感谢。

但遗憾的是，许多人并不能区分事物的好坏和价值，有时候会用怀疑和不信任的态度，固执地拒绝别人的好意。别人难得真心给你提出的建议，反而得不到你的认可。当然，一些人不仅不能分辨好的意见，当别人提出一些很不错的主意和一些新奇的想法时，他们无论在精神层面或是物质层面都不能正确判断其价值。这样的人会错过很多成长的机会。

有价值的东西，我们应该承认其价值，并利用好这种价值，从而推动个人的进步和社会的发展。

如果人人心怀素直之心，就一定能够看清事物的本质，而看清事物本质的先决条件，就是具备辨清好坏和判断价值的能力。可以这么说，一颗素直之心，恰恰是认清事物好坏与价值的关键所在。

博爱之心

所谓素直之心，就是一颗使人类与生俱来的博爱及慈悲得以充分发挥的心

在看到他人有困难的时候，我们都会伸出援手，这是人之常情。当然，也有人选择无动于衷。不过呢，若不是身不由己，大多数情况下我们还是会听从内心的声音，能帮人一把就帮人一把。毕竟幸灾乐祸的人只是少数。

人人都希望困难尽可能减少，大家平安快乐地生活。所以看到别人有困难时，也会尽其所能提供帮助。

人类天生就拥有一颗博爱之心及慈悲心；拥有心意相通、互相尊重、互相照顾、宽容待人、互帮互助的美德。

但是，在现实社会中，很多时候我们的爱心和慈悲心并不能完全发挥出来。放眼世界，我们的身边不断发生纷争，一些人彼此仇视、指责、憎恨。

为什么我们不能把天生的爱心和慈悲心发挥出来呢？原因有很多，最主要的原因是我们被私心所困，使得与生俱来的温暖之心难以体现出来。例如，遇到利害冲突时，不顾他人只顾自己，心生憎恨，温暖的内心被隐藏。

此外，过分坚持己见也容易引起冲突，好胜和憎恨都会将爱心隐藏起来。人们要是只顾自己的利益，固执己见，心生责难，否定对方的看法，又怎么能将我们与生俱来的博爱之心展现出来呢？

若是人人能够心怀素直之心，就不会被私心所困，就能使我们天生的博爱之心及慈悲之心充分展现出来。

助人于危难之时，救人于水火之中，人人相互尊重、相互帮助，生活也必然会更加幸福。换言之，心怀素直之心，就能充分发挥人类与生俱来的博爱心与慈悲心，使我们的生活更加美好。

总之，素直之心与博爱之心及慈悲之心紧密相连。

3

心怀素直之心的十条效用

人人心怀素直之心，整个社会又会呈现出怎样一幅令人满意的画面呢？本章将就上述问题展开思考。换言之，本章将探讨素直之心的效用。

本章依然会强调拥有素直之心的重要性，不过更着重于思考素直之心的效用。我会一一列举拥有素直之心对于社会和个人的诸多好处。

素直之心的效用，若是用一句话来概括的话，就是有利于我们人类共同生活的环境得到进步和发展，使我们每个人的人生过得更加幸福。

从细微处来看素直之心的效用，可细致到各个领域。例如，不被事物所束缚，正确看待事物，取得满意结果等。若从更广阔的视角来看，素直之心能使彼此获得幸福，实现真正的繁荣与和平。

做应做之事

拥有素直之心，能分辨何为应做之事，并勇于完成

众所周知，丰臣秀吉奉命攻打"中国地区"时，主公织田信长在京都本能寺遇袭，被叛将明智光秀所杀。

当时，织田信长手下的武将很多都身处京都附近，而丰臣秀吉因与强敌毛利作战，不在京都，可以说是所有武将中距离主公最远之人。

织田信长被害之时，其儿子信孝与信雄分别位于大坂和伊势，离京都都不远，更何况"杀父之仇不共戴天"，他们理应最先出兵攻打明智光秀，报杀父之仇。但他们并没有这样做，而是持观望态度。亲生儿子尚且如此，织田信长麾下的其他武将自然也都按兵不动。

另一方面，丰臣秀吉得知主公死讯，立刻与毛利缔结和约，返回京都为主公报仇。

关于丰臣秀吉的这种做法，后世评判不一，有的历史学家认为他这样做是为了谋取天下。但我认为，丰臣秀吉之所以这么做，并不是出于谋取天下的私心，而是认为这是身为家臣武将必须为主公做的事。

若是他早就有了谋取天下的野心，跟明智光秀决斗时就不会顺利取胜。正因为他不受私心所困，不顾自身利益，一心去做应做之事，才能打败实力强大的明智光秀。

从这一点我们也可以看出素直之心的伟大之处。当然，今时不同往日，当时的道德标准不同于现在，这个例子也不适用于今天。

最重要的是，当我们去做应做之事的时候，应远离私心、果断行动，即使丢掉性命也毫不犹豫，这一点时至今日同样适用。即使面临巨大的困难也毫不动摇，勇敢前行，从素直之心出发，做应做之事。

如愿以偿

拥有素直之心，就能够顺应形势发展，如愿以偿

我们都希望一切事情都能依照计划进行。确实，无论对人对事，能够按照意愿顺利发展的话，着实令人快乐。

不过，在现实生活中，很多时候都是事与愿违的，因此人们开始争吵或者徒生烦恼。

我认为，若人人心怀素直之心，就人人都能获得满意的结果。之所以这么说是因为心怀素直之心，就能顺应形势发展，亦能按照心中所想去行事。

换言之，养成素直之心，有助于心态的融通无碍，人生路上能绕过不少障碍。虽然从表面看起来，这种知其不可为而不为的想法略显消极，但是反过来想也有积极的一面：知道什么事可以做，什么事不可能完成，然后将智慧和力量用在第一类事情上，顺应天理与人情，尽力克服困难，最终如愿以偿。

总而言之，道理虽然有点难懂，但是若是能一步一步走下去，定能跨过一个一个难关，展开人生的新篇章。

怀有素直之心，遇事就能理性分析。前路若有大山拦截，强行越过它不是良策，而应另辟蹊径，从山脚小路通行。

怀有素直之心，对人亦是如此。认可对方的存在，尊重对方的想法，这样一来，最终也会如愿以偿。

只要拥有素直之心，就能顺天应人，让所有事物朝着心中所想的方向发展，避免与他人发生纷争、徒增烦恼，生活也能经营得更加幸福。

如此想来，人人心怀之素直之心极为重要。因此，在日常生活中，我们要尽力培育自己的素直之心。

不拘泥于任何事

拥有素直之心，不拘泥于任何事，心中便不会留有隔阂

若怀素直之心，那么无论发生什么事，无论听到什么关于自己的流言蜚语，都不会拘泥于此或是心存芥蒂。

冬天孩子们喜欢向玻璃窗"哈气"，这样会使玻璃蒙上一层雾气，看不清窗外的景物。不一会儿，雾气会自然消失，不论孩子"哈"多少次，玻璃都能够恢复透明。

心怀素直之心，人的心灵便如同上文所述的玻璃一样，无论曾经拘泥于何事，经过时间的洗礼，都会放下心中的芥蒂，就像玻璃上的雾气终会自然消失一样。

总而言之，拥有素直之心的人遵循真理和正义，

53

具有安全感，所以不会拘泥于小事，而会随时随地保持积极向上的状态。

不单单是个人，团体与团体之间也会发生不快。例如，当今世界纷争频发，战乱不断，许多人因此失去生命或身负重伤。这是全人类的不幸，也是世界和平进程的一大障碍。

发生纠纷或战争的原因有很多，不是几句话就能够说明白的。但无非是民族观念、思想、信仰上的差异或是利害冲突所造成的。换句话讲，其实就是各方之间心存芥蒂，拘泥于自身，矛盾激化才会引发战争。

试想若是战争地区的人民都能心怀素直之心，那么我们看到的可能又将是另一派景象。我不知道那会是怎样的一派景象，但是我敢肯定至少不会像现在一样，总会比现在多一些和平与安稳吧。

如此想来，养成素直之心何等重要。人们不拘泥于任何事，心中便不会留有隔阂，内心会如清泉一般纯净，如阳光一般温暖。

若是能够做到这些，不但个人的生活能够获得改善，团体、社会或国家也将得到进步与发展。

日日新

拥有素直之心，就不会停滞不前，而会勇于前进，做到日日新

日本德川幕府时代，在土佐有一位名叫桧垣清治的人。当时，他新做了一把在土佐很流行的大刀，得意地向刚从江户回来的坂本龙马夸耀。但是坂本龙马却说："你现在还在用这种刀？给你看看我的，"说完立即从腰间拔出了自己的刀，"看我的，多棒啊，你这种刀已经用不着了。"

桧垣清治觉得很有道理，又买了一把和坂本龙马的刀类似的刀，展示给坂本龙马看。但是，坂本龙马却说："上次我给你看的刀，现在也过时了。"说着，从腰间拿出手枪来。

第三次见面时，坂本龙马对桧垣清治说："在当今社会，只懂武术是没有用的，你要有学问，通读史书。"

第四次见面时，坂本龙马说："国际公法很有价值，先进国家都已经采用了。我也正在研究这种法律。"

桧垣清治对人感叹道："坂本龙马总是先我一步。"因为坂本龙马总是不断学习，走在前面。事实上，只要有素直之心，就能够像坂本龙马一样，不断进步。

人们普遍都安于现状。然而，时代在不断地变化，社会百态均日新月异。因此人们也要与时俱进，做到日日新。只有这样，才能将日子过得充实，而不只是重复昨日的行为。

如果大家都能够这样，生活一定能够获得改善。

不过，做到日日新并不容易。我们要从心底里产生打破现有固定模式、尝试新鲜事物的觉悟。当然这也来自于素直之心。

拥有素直之心，人们便不会停滞不前，不会安于现状，而会不断思考什么才是正确的选择和行为，什么才是令人满意的状态，从而认清自己的目标。

坂本龙马是一位杰出的人才，他心怀素直之心，与时俱进，走在社会的前沿，并创造出许多新的构想，不断提升自己。

当然，只凭自己摸索往往不能达到日日新的境界，还需要集众意众智。在一个团体中，如果人人心怀素直之心，自然能够吸取他人的意见，从而使知识经验得以累积，获得集体成功。

正因为如此，要改善人类共同生活的环境，人人怀有素直之心尤为重要。

转祸为福

拥有素直之心，能够抓住机会，转危为安，转祸为福

人生在世很难一帆风顺，难免会遇到困难或危机。在遇到困难或危机时，有些人走投无路，败下阵来。也有些人能够把困难或危机当作机会，奋发图强，最终克服困难、战胜危机，得到更好的发展。

后者的表现就是所谓的"转祸为福"。拥有素直之心，就是"转祸为福"的原动力。换言之，素直之心的效用之一就是"转祸为福"。

为什么拥有素直之心就能够"转祸为福"呢？每个人对此持有不同的看法，可以说见仁见智。

假设现在有一家面馆因为经济不景气而顾客锐减。我们可以说这家面馆面临商业危机。不过，若是面馆老板拥有素直之心，一定不会因客人减少而焦躁。因为他会认为，经济不景气是一把双刃剑，对自己的面馆来说，这既是挑战也是机遇，正好可以趁机完善一下。

抱有这种心态的话，面馆老板会检讨自己做生意的方法是否正确，从顾客的角度考察汤的味道怎么样？店员接待客人的态度怎么样……坦诚地直面自己的经营之道是否还有可以提升的地方。

他甚至会直接征询顾客的意见，用心烹饪每一碗面，不断改良创新，在味道上做出不同以往的惊喜。这样一来，就能得到顾客的好评，大家就会觉得"同样都是吃面，我就想去那一家"。口口相传，面馆的知名度得到提高，生意越来越好。

由此可见，面馆老板用素直之心处理事情的话，就能度过危机，抓住机遇，转危为安，增加客流量。

其他生意或工作也是同样的道理。无论遇到什么样的困难，不失斗志，从素直之心出发，就能不断探索出更好的发展之路，集众家智慧，翻开划时代的新篇章。

回顾人类发展史，遇到过天灾、战争等困难，每当这时，人类都是靠着集百家智慧，不断创新，才能平安度过并不断向前发展的。

只要人人心怀素直之心，我们定能"转祸为福"。这也是素直之心难能可贵的效用之一。

希望能有更多的人心怀素直之心，无论遇到什么样的困难都不气馁，拿出勇气面对，朝着更好的方向前进和发展，使人类共同生活的环境得到提升。

谨慎行事

拥有素直之心，能够认清自己的立场，谨慎行事

日本江户时代，曾风行养鹌鹑。有钱有势的人家都抢购鹌鹑，鹌鹑的价格一直居高不下。

当时担任老中一职的丰后守阿部忠秋也很喜欢鹌鹑，常常把鸟笼带在身边赏玩。

有一位家臣知道他有这种嗜好，特意买了一只名贵的鹌鹑，通过御殿医送给他。

丰后守得知此事后，没有发表任何意见，只是对近侍说："把我养的鹌鹑放生吧。"近侍听命放生了所有鹌鹑。

御殿医见此觉得很奇怪，说道："这些鹌鹑是经过训练的，即使放生也一定会飞回来。"但是，丰后守阿部忠秋却说："我不管它会不会再飞回来，反正我是不会再养了。现在有地位的人都容易犯滥用职权的毛病，所以行为要特别检点。如果我不喜欢鹌鹑，一定没有人给我送鹌鹑。"

要戒掉自己的嗜好并非易事。但是丰后守阿部忠秋认为，养鹌鹑招致了不好的影响，必须戒掉。掌权者要时刻谨记不能以权谋私，时刻约束自己。

一旦有了地位和权势，一定会有人投其所好、阿谀奉承。正所谓拿人手短，身居要职的丰后守阿部忠秋深知应避免此种情况。

一旦收了人家的礼物，就很难做出公正的判断。即使公正，也难以令人折服。所以为官者应严格约束自己。但是道理归道理，很少有人能像丰后守阿部忠秋那样连自己养的鹌鹑也放生了。他之所以会这么做，是因为他心怀素直之心，作决断时不受自己的感情或欲望所左右，站在公正的立场对周遭的事物做出正确的判断，大公无私地采取行动。也就是说，因为丰后守阿部忠秋拥有素直之心，具备了产生大智慧和自我约束的能力，才能够连自己喜爱的鹌鹑也放生。

只要心怀素直之心，就能不受私心所困，认清事实真相，从而做出正确的判断，明辨是非，培养出如丰后守阿部忠秋一般的高超智慧。

保持平和

拥有素直之心，就能够避免发生对立与纷争，保持平和

纷争频发的主要原因就是利益冲突。而发生利益冲突的主要原因，就是大家都想保护自己的利益，都不愿意吃亏。此外，感情不睦也容易招致纷争。口气冲，态度轻蔑，无视他人甚至中伤他人等，都会破坏感情，导致互相仇视。

只要人人心怀素直之心，就能避免上述纷争的发生。拥有素直之心的人，不会只顾自己的利益，而会充分考虑他人的利益，在谈笑间推着事情向好的方向发展。如果大家都能这样，任何事情就都可以和平解决，自然就不会为了争夺利益起纠纷。

此外，人人心怀素直之心，就不会因感情不睦而引起纠纷。因为拥有素直之心的人不会感情用事，也不会故意用言语刺激或挑拨他人。即使无意间说了伤害他人的话，也可以大事化小，小事化了。如此看来，拥有素直之心可以避免因感情不睦引起的纠纷。

当然，人与人之间的矛盾除了利害冲突和感情不睦之外，还有很多。放眼当下，各种思想上的冲突，也容易引起纠纷。而这类原因引起的纠纷，往往会扩大成团体与团体、国家与国家之间的矛盾，导致战乱发生。这是我们最不想看到的结果。

但是，只要人人心怀素直之心，上述问题就都能得到改善。拥有素直之心，看事情、想问题就比较全面，就不会过于偏激、过于狭隘，就能够避免陷入无视他人、否定他人的误区，而那些因为思想观念不同引发的纠纷或流血事件也就不会发生了。

除了上面提到的原因之外，还有很多原因会致使人类纷争不断。但我相信，只要人人心怀素直之心，定能冰释前嫌；只要人人拥有素直之心，就能真正实现世界和平。

明辨是非

拥有素直之心，就能明辨是非，维护社会秩序

拥有素直之心，就能明辨是非。心怀素直之心的人，很少被自身利益或是情感左右，能够冷静客观地判断事物，明辨是非。

每个人都有根据自己的立场、利益或感情去判断是非的习惯。例如，假如有人问你："是否应该亲切待人？"你一定会毫不犹豫地说："是的。"但在日常生活中，当我们遇到自己讨厌的人时，往往就做不到态度亲切，有时甚至还会对其有不礼貌的言行。

这是我们平时都会犯的毛病，所以一般人都想不到要去互相纠正。而这也正是人们是非观念模糊的表现。不过，拥有素直之心的人认为，对人友善是基本的礼仪，即使面对讨厌的人，也应亲切地打招呼。

也就是说，心怀素直之心便能够理性判断事物，不被情感左右。

反之，若是缺乏素直之心，就难分对错。例如，亲情与友情是人们心中最柔软的部分，我们在对待家人和朋友的时候，多多少少都会被情绪左右。因此，往往很难指出他们犯的错误。当自己的孩子犯法时，有的家长不但不承认，反而会将错误推卸给他人或是学校，甚至推卸给社会。从情感的角度来说，我们可以理解这种推卸行为；但是从理性的角度来说，是非黑白是不容颠倒的。

是非观念模糊会造成什么后果呢？明明自身存在缺点，却浑然不知，不去改正。再者，对于那些不该做的事情无法抵抗，随波逐流。这样一来，社会秩序就会被破坏，人们就会陷入不幸。

明辨是非尤为重要。心怀素直之心，自然能够明辨是非。当子女犯错时，心怀素直之心的父母虽然认为社会、学校、他人也有一定的责任，但是绝不会偏袒子女，反而会教育子女要深刻反省。

人人培养素直之心，用公正、客观的态度辨别是非，并以负责的精神去工作，社会秩序自然可以获得改善，生活质量也会得以提升。

所以说，拥有素直之心，可明辨是非，维护社会秩序。

人尽其才

拥有素直之心，就能够充分发挥每个人的资质，做到人尽其才

世界上没有完全相同的两片叶子，也没有完全相同的两个人。世间万物都有其独特的魅力，若能充分发挥各自的特质，社会一定会越来越繁荣，人们的生活也会越来越充实。换句话说，物尽其用、人尽其才后，人类的物质生活和精神生活都将得以充实，人们就可以向幸福迈进。话虽如此，在现实生活中，我们并未能做到物尽其用、人尽其才。

所谓的"人尽其才"，指的是每个人都在自己的岗位上充分发挥自己的资质。不过，现实中很难做到这一点。

举例来讲，假如现在有一位优秀的人才站在我们面前，他学识高、能力强，是领导团队的不二人选，若任命其担当主管，自然算是人尽其才。但是，实际情况是，以年龄和资历来评判的话，他是很难坐上主管一职的。换言之，有资质却无法发挥出来，也就无法做到人尽其才。

造成这种局面是有一定的原因的，例如惯性思维。一般人认为，只有年龄稍大的人才适合做主管，年轻人则缺乏一定的实战经验。

这话虽然有一定的道理。但是我认为，只要有担任主管职务的资质或有发展的潜能，我们提拔人才时就不应受年龄因素的影响。

"年轻人不适合当主管"，是被我们的惯性思维所绑架，因而得出的有失公允的看法。若人人心怀素直之心，我们就可以慢慢改变这种观念。

拥有素直之心的人，思考问题时不会被惯性思维所束缚。选拔人才时就能做到人尽其才。

有的人肚子里有学问，有的人有用不完的力气，有的人能说会道、能言善辩，只要能在工作时充分发挥出他们各自的特质，就算是人尽其才了。

人人心怀素直之心，世间万物就能够做到物尽其用、人尽其才。每个人的人生意义达到最大化，整个人类社会也就实现了真正的繁荣与进步。

不易患病

拥有素直之心，不易患病，即使生病也容易治愈

拥有素直之心的人不易患病。因为心怀素直之心便能够看清事物的真相，不会为无关的事情伤脑筋，更不会庸人自扰。

如今，很多人受疾病折磨，苦不堪言。其实很多疾病都是由于精神紧张、情绪暴躁引起的。事业不顺利、人际关系不和等带来的压力不断加大，久而久之影响到我们的胃肠道系统。此外，人生中的各种烦恼还会引发精神性头痛。很多时候，生病其实生的是"精神病"，生的是"心病"。

如此想来，拥有素直之心，确实能大幅降低患病的可能性。拥有素直之心的人，无论遇到什么困难都不会自乱阵脚、杞人忧天。

为什么能够这样呢？上文已经反复提到，心怀素直之心便能够看清事物的本质，深明大义，看问题就不会拘泥于单一的方面，就不会被自身感情、利益左右，如此一来就能融通无碍。

　　拥有素直之心的人，不会因为私情得不到满足、自己的利益受损或者事情发展不顺利而烦恼。所以，他们能够经常保持内心的平静与安定，从根本上掐断许多疾病产生的源头。

　　此外，即使不是由于精神层面导致的病患，只要心怀素直之心，也能降低患病的可能性。我们应该尽可能地避免不规律或不健康的生活习惯，避免暴饮暴食，定期做好健康检查，这样自然很少生病。

　　即使生病，只要心怀素直之心，也能够在一定程度上把握自己的病情，积极遵照医生指示、配合治疗，使病情得以好转。

相反，若是患者缺乏素直之心，往往听不进医生的劝告，拒绝配合，病情就会加重。

如此想来，拥有素直之心的人确实不易患病，即使生病也易治愈。这一点也是素直之心的重要效用之一。

4

缺乏素直之心的十条弊害

在这一章中，我想就缺乏素直之心或素直之心不起作用时，究竟会产生什么样的弊害作一番思考。当然了，和其他章节一样，我在这章提出的条目，仅仅是弊害的一部分，而并不是弊害的全部。

缺乏素直之心带来的弊害体现为多种情形。把前两章所述的内容从相反的角度思考一下，就可以得出很多弊害，比如因为缺乏素直之心，从而给自身带来危害；或者没有伤害自己，但给他人造成了伤害；还有当大多数人都缺乏素直之心时，不仅会给个人带来危害，还会给整个社会带来危害，等等。

我无法将所有的情形都列举于此，总之，缺乏一颗素直之心，就会使得个人或整个社会出现许多大家不愿看到的、有弊害之事。我们身边以及社会的各个角落发生的种种丑恶，可以说都是和当事人缺少素直之心有关联。

甚至我们可以说人类历史上发生的种种恶人恶事，也都和欠缺一颗素直之心有关。比如封建时代，因为被私欲蒙蔽了双眼而残酷欺压百姓的暴君；因为人们过于计较利害得失，想实现各自的野心而不断引发的纷争和战事。

造成这种种不幸的最大的一个原因，就是缺乏一颗素直之心。

众智难筹

缺乏素直之心，人们就不愿倾听他人的意见，其结果就是众智难筹

缺乏素直之心的弊害之一是，人们会变得不愿倾听他人的意见。也就是说，没有素直之心，就算有人好心教你，给你提供建议，你也会置若罔闻、拒绝接受。

为什么会这样呢？我认为有很多种情况。有的人认为自己的想法和行动是绝对正确的，所以没有必要听取他人的意见，甚至觉得他人的意见是一种妨碍。又或者有的人只活在自己的世界里，不愿意听取别人的意见，只凭自己的意愿做自己喜欢的事，而并不在乎这件事是对是错。还有的人因为不信任他人，认为别人的建议是陷阱，所以无法认真对待他人的好建议。

上述这几类人有时候的想法也许是对的，但从根本上来说，我认为这种不能诚恳听取他人意见的态度，其实是一种令人讨厌的、自我封闭的态度。

这种态度会产生很多弊害。

首先，人一旦无法倾听他人意见，做事就容易失败。无论一个人多么知识渊博，拥有多么优秀的思想，也不过是个人的智慧。个人的智慧是有限的，如果仅凭个人有限的智慧对事物做出判断，就算大部分时候能做出正确的判断，也难保哪一天就会做出错误的判断，从而导致意外的失败。这个失败仅仅给个人带去损失和伤害还好说，但若此人位高权重，那么很有可能会给身边的人甚至整个社会带来各种负面的影响。从这个意义上来说，这也是一种弊害。

其次，不倾听他人意见，还会伤害彼此的和气。

想想看，难得有人教你知识，给你意见，而你却当作耳旁风，对方也不会高兴吧。对方也许会认为你是个不可靠、不识好歹的人。伤和气毕竟不是一件好事。

再往深了想，你总是一副不愿倾听的态度，大家也就渐渐地不再给你指教与建议了。如果真的到了这个地步，你就再也别想轻易得到他人的指教与帮助。

人生在世，如果完全得不到他人的指教和帮助会如何呢？工作生活不顺利自不用说，甚至连生存都是个问题。

经过这样一番思考，我想大家都会明白素直之心不起作用时产生的弊害之一，就是得不到众人的指教与帮助。也就是说，若素直之心得不到发挥，人就会变得不愿倾听他人的意见；而不倾听他人意见，就吸取不到更多的智慧，导致众智难筹。

停滞不前

缺乏素直之心，人们就萌生不出创意，从而陷入原地打转的境地

我认为缺乏素直之心的弊害之一，是难获得前进的动力。没有素直之心，人就难有更高的追求，难有向前迈进的精神。丧失了这种精神，人们就会安于现状、不愿前进。

因为没有素直之心，所以人们走不出现状、跳不出常识。拿技术来说，如果人们认为现有的技术是最好的，便会怠于开发更优秀的新技术，那么旧技术就会永远使用下去，从而陷入停滞不前的状态。

再比如，如果人们深信某一种思想或学说，并陷入无视其他思想或学说的地步，就看不到时代的变迁、人心的变化，进而变得迂腐和不思进取。

综上所述，若没有素直之心，人们就会偏执于事物的某一个方面，事物就得不到发展，人们自己也会停滞不前。

织田信长之所以能够从尾张起家，发展壮大至夺取天下，其中一个原因就是他积极地将铁炮运用到了战争之中。也就是说，他使用了新式的武器，战胜了骑马武士这种旧的作战形式。织田信长研究新方式，并积极将其运用到战争中，这种进取的精神虽说有天生的成分，但更重要的是他没有被旧观念所束缚，顺应了时代的变化发展，换言之，是因为他的那颗素直之心发挥了作用。

说织田信长有颗素直之心，不少人会感到奇怪。的确，他豁达却也粗暴，有时也会显露出私心，更有失去理智的时候。但他的素直之心比任何人都要更频繁地发挥着作用。他明辨是非，胸怀大度，作为领袖忧国忧民，成其必成之事，都是因为他的一颗素直之心发挥了极大的作用。否则在战国那样的乱世之中，很难实现统一大业。说回刚才铁炮的例子，织田信长有着先见之明，不局限于旧形式，大胆采用了新式武器，这正是他心怀素直之心的体现。

反过来说，素直之心不起作用的话，人们就会满足于现状，思想受到束缚，头脑变得不灵活，进而故步自封、停滞不前。这样一来也就很难有新的点子和创意，也就没有动力去创造更好的生活。

在现实生活中，很多人都将这一点遗忘了，走不出既定的现状，原地踏步。比如议会里议员人数是固定的，若想变更人数自然可以根据规定变更。但有谁会回归根本，讨论现在的人数到底是不是最佳的呢？有谁考虑过诸如减少议员人数，用更高的效率完成议会的使命这一课题呢？

　　一旦制定好的东西，就不再变动，这样安于现状，跳不出条条框框的姿态，都是因为素直之心没有发挥作用。如果从政者乃至普通国民，都能有一颗素直之心，那么就不会受到既定观念的束缚，就会在时代的洪流中不断追求并开创更新、更好的面貌，就能使国家、社会以及我们的生活更上一层楼。

　　若没有一颗素直之心，从国家、社会到我们日常生活的方方面面，都会陷入停滞不前的状态，人们不再有积极的追求。因此，我认为，若没有素直之心，会给我们带来十分巨大的危害。

计较得失

缺乏素直之心，人们就会追求眼前的小利，仅以个人得失来判断事物和采取行动，如此一来，则万事都不会顺利

缺乏素直之心，人们就会计较眼前得失，并以得失为标准思考事物，以是否获利为标准采取行动。

当然了，计较利害得失是人之常情。一边计算得失一边见机行事，我认为也无可厚非。但一味计较利害得失，并仅以此为基准判断事物的人，万事都不会顺利。

眼中只有利益、得失心重的人，无论何时都只追求并只认同自身的利益，而会远离所有对自己无利之事。这种自私的姿态往往会遭到他人的责备与反抗，进而产生纠纷，结果双方难免都会受到损失。

人是群居动物，大家应该携手共谋发展。如果都只顾着自己的利益，那么生活很难顺畅。因此，我们在追求自己利益的同时，也应该顾及他人的利益。此外，不要只顾眼前小利，还要考虑将来，思考长远利益。这样才能维持和谐的局面，过上安稳和睦的生活。

如果人人都缺乏素直之心，就都会基于各自的利益思考、判断事物。

举个浅显的例子。围绕建设垃圾处理站的问题，某个大城市的市民们起了纠纷。大家虽然都认为有必要设置垃圾处理站，但是都希望它能建在离自己远一点的地方，而不是建在自己家的附近。争论持续了近九年，垃圾处理站的选址问题还是迟迟得不到解决，此事便就此搁浅。

不希望垃圾处理站建在自己家附近，我认为这种想法是很正常的。因为一旦建起来，肯定会有恶臭，还会有卫生方面的问题。但是，垃圾处理站处理的垃圾是谁扔的呢？肯定都是大家扔的。那么，大家却都不让垃圾处理站建在自己家附近，是不是都太自私了呢？

在国土面积如此狭小的日本，任何一处建筑离这群人远一些，那就必定会离另外一群人近一些。离得近的居民肯定会心生埋怨。如果垃圾处理站能建在不给任何人添麻烦、离任何人都遥远的地方，那自然更好。若成全不了所有人，就需要有人做出让步，让处理站建在自己家附近。但问题就是达不成共识，没人肯做出让步。

垃圾处理站的问题，其实不该责备任何人，其根源在于日本国土面积狭小、人口众多。面对这一客观情况，大家应该互相让步，不要被眼前利益所蒙蔽，早些得出正确的结论为好。

　　像这样万事都以眼前小利为准则做出判断和展开行动，最终只会给自身乃至社会带来不利的影响。这便是缺乏素直之心的弊害之一。

感情用事

缺乏素直之心，人们便容易被情绪左右，招致意料之外的失败

素直之心不发挥作用时，人们的所见所想都容易被情绪左右，以致频繁出错。

人人都有情绪：遇到高兴的事会喜悦，遇到生气的事会愤怒，发生难受的事会伤心……人们的情绪就是这样波动起伏着。

只要是人，大都有被情绪左右的倾向。素直之心不起作用时，这种倾向会愈发明显。

如果受到情绪的控制，在失控的状态下判断事情的话，这个判断通常都是不妥当的。不妥当的判断会令人犯下意想不到的错误。回顾人类的历史，这样的例子不胜枚举。

古往今来，有人弄伤他人，有人杀害他人，之所以发生这种伤害他人的行为，很大的一个原因是人们被情绪左右了内心。也就是说，当人们因为一些事情起了憎恨他人的情绪时，若缺乏素直之心的疏导，便会感情用事。

被情绪左右的人，心中只想着将情绪发泄出来。虽然也做了思想斗争，但憎恨的情绪占了上风，最终还是和对方争斗了起来，招致难堪或不幸的局面。

若是素直之心发挥了作用，就不会发生这些不幸了。心怀素直之心，就可以控制自己的情绪，也就可以避免行差踏错了。

这并不是要求人们达到一种感受不到憎恨的、顿悟的境界，也并非要人成为一个感情迟钝之人，而是要更好地引导自己的负面情绪。在这种情绪露出苗头之时，不要采取发泄愤恨的行动，而要化愤恨为前进的动力。

素直之心的作用不仅限于疏导憎恨之情，喜悦、悲伤以及其他感情都可以如此。只要素直之心起作用，就算发生了十分高兴的事，人们也不会得意洋洋、忘乎所以；陷入悲伤之时，也不会因为绝望而自暴自弃。我们能够不被一时的大情绪或者小情绪所左右，不迷失自我，从长远看，就能保持淡然的态度，度过安稳的人生。

缺乏素直之心，人们就容易感情用事，过着一时喜一时忧的激荡生活；有时还可能会陷入失控的情绪之中，导致不幸的结局。

今天，我们仍然可以从媒体报道中看到：一些人因为受愤怒情绪的牵制，一时失控做出伤害残杀他人之事；还有些人因为失去理智，忘我行事，结果做错事。发生这些行为，皆因素直之心没有发挥作用。

总之，素直之心不发挥作用的弊害之一，便是感情用事，迷失自我，最终招致意外的失败。为了避免出现这样的危害，我们要培养一颗素直之心，并在平时努力提升它。

看法片面

缺乏素直之心，人们便只能看到事物的一面

人们精神上的痛苦、烦恼有时会强烈、沉重到使人想了结自己生命的地步。比如，临考试前的考生因失去自信而自杀；事业失败的人因过于绝望而自杀；失恋的人或者处理不好人际关系的人因厌世而自杀。这些不幸之事，是需要我们一起努力消除的。

那么，人为何会产生烦恼和绝望呢？各人有各人的情况，加上每个人的看法、想法不尽相同，因此不能一概而论。不过总的来说，人之所以会产生烦恼和绝望，都是因为他们只看到了事物的一面。

假设有这么一位女子，到了结婚的年龄却怎么也找不着心仪的对象。于是她想，也许是因为自己的鼻梁有点儿塌，所以才没有对象的吧。因此她十分在意自己的鼻子，并为此日日烦恼。有一天，一位熟识的

男性开玩笑地对她说："就你长这个扁鼻子，一辈子都找不到对象的……"听到这句话，她平日里的烦恼一下子爆发了，而且想到了自杀。尽管这样的事件很极端，现实社会中也很少有这种事，但谁能打包票百分之百不会发生呢？

这名女性认为自己鼻梁塌是坏事，受到了这种负面看法的束缚，也就是说她片面地看待了自己，只看到了事物的一面。

认为鼻梁塌是缺点，不过是片面的看法罢了。相反地，也会有人认为塌鼻梁十分有魅力，让人心生敬意。看看世上这么多塌鼻梁的女性，她们都找到了合适的对象，过上了幸福的生活。

因此，就同一件事可以通过不同的视角得出不同的看法。认为负面之事，换个角度自然有它的正面之处。正如下雨了，有人因衣裳淋湿而困扰，也有人因田地得到了滋润而开心。

如果只抓住一面，看不到事物其他面的话，人难免会莫名产生烦恼，极端的还会因绝望而了结自己的生命。

为什么人会陷入这种不幸的状态之中呢？我认为正是因为缺乏一颗素直之心。缺乏素直之心，人们才会片面看待问题，只抓住事物的一面，思路打不开，便会陷于不幸的局面。

容易勉强

缺乏素直之心，人便容易偏执于事物的某一方面，不自觉地勉强起自己或他人来

我们经常听到有人说"不要勉强"。所谓不勉强，指的是不做不合情理之事，不做不成理由之事，不勉强做难成之事。因此，不勉强自己或者他人，其实是一件理所当然的事。

但就是这件理所当然的事，人们却很难做好。比如在日常生活中，我们经常看到有些人明明绿灯就要变为红灯，还非要勉强冲过路口；有些人明明知道工作任务已经超过自己的能力了，却还要勉强承担；又或者有些人明明知道别人不愿为之，却非要勉强他人。

这些勉强都会造成不好的结果。无视红绿灯勉强过马路会发生车祸；勉强接下超过自己能力的工作任务会导致失败；勉强他人做不愿意做之事会招来反感、引发纠纷。

大家都知道不能勉强，却为什么很难做到不勉强呢？其情形难以简单概括。

比如被当时的情势所迫，无暇顾及结果，因此明明知道很勉强却无法不去做；比如为了满足自己的私欲，明知对方不愿意，却勉强他人为之。

这些情形的相通之处是它们之所以会发生，皆因素直之心的缺失，或素直之心没有发挥作用。没有素直之心，就会受时事所逼，无暇顾及危害；没有素直之心，就会受欲望支配，明知不可为而强行为之。

不仅仅个人会行勉强之事，团队甚至国家也会有行勉强之事的时候。我们要正确地意识到，若国家行勉强之事，必将带来十分严重的危害，比如引发战争或社会动乱。

　　为了不发生这些危害，我们在一生中不管是从事经营活动也好，还是政治活动也好，都要想方设法让一颗素直之心发挥作用。

治安恶化

缺乏素直之心，会导致人心涣散，社会秩序混乱，治安恶化

人们要想自由地生活、顺畅地进行社会活动，必然需要秩序的保障。只有维护了秩序，人们才能安心地经营生活，社会治安也才能得到维持。

如果治安得不到维持，人们就难以顺利从事社会活动及经营生活。设想一下，如果治安混乱，人们光是出个门就要担心自己会不会突然遇到打劫，或是遇到暴力团伙火拼，那么日常生活就会受到阻碍。

从这个意义上说，维持共同生活的秩序，维护良好的社会治安，对于我们每一个人来说都是十分重要的。

缺乏素直之心，社会治安便难以得到维护。因为人若没有素直之心，就难以看清事物的真实情况，在对事物下判断时，就总会从自己的利益与立场出发，从而不知什么是正确的，不知自己应该做什么，只能任性而为。若每一个人都任性而为，那么社会秩序的维护就会变得十分艰难。

我认为任性而为、随心所欲地行事，是一种丧失守法精神的表现。没有了这种精神，只从自己的想法和需求出发判断事物、采取行动的人就会越来越多。如果每个人都坚信自己的判断和行动是正确的，就会频繁发生争执。

假设这是一个不管十字路口的信号灯是黄还是红，开车的人都照走不误的社会，会如何呢？要不了多久车和车就会相撞，人们就会互相争吵，交通陷入混乱。如果没有人遵守社会规则，我们的生活就会陷入无序的状态，治安就会愈加恶化。

当然了，这么极端的事应该不至于经常发生。话虽如此，轻视法律法规的倾向在我们周围是存在的：比如一个人犯法会受到惩罚，多人犯法却被置之不理；逃税这种行为时常被放过等。虽说法律法规也都有其不完善之处，但现行法律既然如此，我们就必须尊重并且遵守它。

人们忘记什么才是正确之事，只从自己的立场和想法出发，才形成了这种蔑视法律法规的风潮。而这样的风潮让我们的生活变得不再美好。不仅如此，它还会搅乱秩序，使治安恶化。

总之，如果没有素直之心，每个人就会只考虑自己的立场，并受限于自身狭隘的观念，从而造成公共生活秩序混乱、治安恶化的局面。

缺乏交流

缺乏素直之心，人们就不会直率地表达自己，也不会认真地倾听他人的"声音"，人与人之间就会缺乏沟通交流

我们有时会在报纸上看到关于以下这类事件的报道：婚事遭到父母反对，一对情侣因想不开而双双殉情。这时，失去子女的父母大多会说："没想到他们会这样想不开，早知道就同意他们结婚了。"

这真是既悲惨又可怜，因此我们不希望任何人发生这样的事。但这类情况仍在不断发生，究竟是为什么呢？

对此，看法有很多。我的看法是因为素直之心没有起作用。若没有素直之心，人们就很难直率地表达自己；另外一方面，若没有素直之心，听的人就容易拘泥于自己的成见，不能实事求是地倾听他人的意见。

这两方面的弊端造成了缺乏沟通交流的局面。比如开头举的例子，孩子也许认为："反正不管我说什么，父母都不理解我。他们根本不懂我们在想什么。真是够了，我去死好了……"于是采取了极端的行动。

"在这么年轻，并且谋生能力还不够强的时候就结婚，将来一定会吃苦的，这条路很难走啊。所以我们反对他们现在就结婚，他们怎么就不懂父母的苦心呢……"父母也许是这么想的。

于是双方得不到足够的沟通交流，导致了不可挽回的局面。

遇到这种情况，若是双方都有素直之心的话会怎样呢？如果素直之心发挥了作用，双方就不会偏执于自己的想法，就会坦率地说出该说的话，并倾听对方。也就是说，如果有素直之心，彼此间就不会只看得到自己的想法、意见和要求，同时也会站在对方的立场上为对方着想，安静地聆听对方说的话。

于是，双方就会从情理出发，自然而然地达成"结婚什么时候都行。但条件是让父母安心、两人足够自立之后再结婚"的协议。这样一来，也就不会造成令人后悔的局面了。当然，有时候就算彼此沟通交流了，结婚的问题也可能得不到解决。但如果有一颗素直之心，至少能避免因为沟通不畅造成不幸。

没有素直之心，人与人之间就会缺乏充分的沟通交流，结果难免会发生大家不愿看到的事情。可以说，缺乏充分的沟通交流不仅仅是家庭内部的问题，还是公司、社会乃至国家的问题。只要是集体，就都会发生问题，在集体生活中，如果我们不进行充分的沟通交流，相互间就得不到充分的理解，互不信任的丑态就会滋生。

因此我们要培养并提高素直之心，重视沟通交流。若人人都有一颗素直之心，那么每个人就都能直率地表达自己，并且没有偏见地倾听对方，缺乏沟通交流之事就会减少。如此一来，人与人之间得到理解、信任，我们的生活就会平稳和谐。

自以为是

缺乏素直之心，人就会局限于自身的想法，并陷入独断专行、自以为是的状态之中

人非圣贤，要想万事都不出错，几乎是不可能的。有时自以为正确，其实从客观的角度分析，也存在错误和不合常理之处。

问题就在于，自己很难意识到自己是错误的。不仅意识不到，还会认定自己没有错，这就难办了。因为一旦坚信自己是正确的，就算旁人告知，也很难坦率地接受，反而会认为对方是在谴责、中伤自己。人一旦陷入自以为是的状态之中，不仅容易犯错，还容易与他人产生摩擦和争端。

人为什么会自以为是呢？我想大家对此都有各自的看法与想法。而我认为，这种令人讨厌的姿态说到底还是素直之心不起作用造成的。因为素直之心不起作用，人就会偏执于自己的想法，认定自己的想法才是正确的。

素直之心若起作用，人们的视野便会开阔，便能够从各种角度看待、思考问题，所以不会固执己见，而能发现各种思想之中所包含的优点和真理。一百种思想就有一百种可取之处，若有一颗素直之心，人们就可以运用这一百种思想的精华，令我们的生活更幸福、更美好。

如果素直之心不起作用，人就会表现出自以为是的丑态。排斥其他思想，我们就发现不了更多的真理。这样一来，事物的发展、我们的生活就难以得到提高和进步。

综上所述，自以为是会给自己和他人都带来不幸。缺乏素直之心，人们便容易陷入自以为是的状态之中。因此，我认为培养并提高素直之心是要务。

效率低下

缺乏素直之心，会使我们做很多无用功或使我们的效率低下

只有当人们从事的行为活动能够顺利进行，每个人的努力都能获得相应的成果，社会才会更富饶，我们的生活才会更美好。换句话说，效率高会让社会繁荣发展，人们的生活水平大幅提高。

在社会的各个领域，效率的提高都极其迫切、极为重要。但是，如果没有素直之心，人们在从事生产活动以及经营生活时，时常会白费劲或效率低下。

为什么没有素直之心，就会效率低下或做许多徒劳之事呢？因为没有素直之心，就会缺少协调、忍让的精神。彼此都有协调的精神，就算想法不同也不会发展至争吵或相互指责的地步。如此一来，就能减少无用功和低效率。相反地，如果没有协调的精神，就算是小小的意见不同，也会被当做大问题，从而引发各种矛盾，导致效率低下。

缺乏素直之心，人们便会站在各自的立场上计较利害得失。缺乏素直之心，就不会为对方着想，应该忍让之处无法忍让，应该原谅之时难以原谅。有时甚至会陷入动不动就责备他人，用怀疑的眼光看待他人的状态之中。

陷入这般状态时，做什么事都不会顺利。比如和他人进行谈判时，就要花费多余的精力去解释说明，造成时间精力的浪费和效率低下。万一交涉不顺，还会导致争吵甚至打官司，这样一来，生产率就更低了。

总之，人若没有素直之心，就会浪费时间和精力，为多余的事情操心费神，效率大大降低。

　　如果大家都没有素直之心，那么就都很难顺利开展政治、经济、教育、社会各个领域的活动。效率低下还会使物价大幅度上涨。也就是说，效率低下会给我们每个人的生活带来许多负面的影响，并破坏我们的幸福生活。

　　经过这一番思考，大家想必清楚培养素直之心有多么重要了吧。

5

培养素直之心的十条实践

在这章中，我想就培养素直之心的实践活动进行一番思考。为了培养一颗素直之心，大家要将我在此列出的十条实践放在心上，并在平时努力实践。

如果只有自己一个人努力，周围的人完全不愿培养一颗素直之心的话，自己的素直之心也很难得到提高。因此不仅自己要培养素直之心，还要让身边的人一同培养。

我们在培养自身素直之心的同时，还要加深彼此对素直之心的理解，恳请、呼吁、推荐更多的人一起迈步走向素直之心的修心之路。

这同时也是我的一个心愿，因此我会举出我认为重要的几项实践活动，和大家一起探讨。

另外，和其他章节一样，我在这里举出的项目只是一部分，培养素直之心的实践方法还有很多。大家要以此为启发，开动脑筋从自己的角度找到适合自己的实践方法，并用心地、一步一步地培养素直之心。

强烈祈愿

为了培养素直之心，我们要不断地在心里祈愿，希望自己也能有一颗素直之心

要想培养素直之心，首先必须从强烈的愿望开始。有素直之心是件非常美好的事情，因此只要希望自己能有一颗素直之心，我们就能向实现这个愿望更近一步。但若仅仅是这种程度的努力的话，还是难以提高素直之心的。

不管做什么，我们都需要坚定不移的志气、强烈祈求愿望达成的决心，才能完成或使这件事产生比之前更好的成果。比如画一幅画，如果想应付了事，也能画出凑合的作品来，但却很难成为佳作。相反地，如果强烈地希望自己笔下的作品一定要是一生中最出彩、最得意的作品的话，那么这个强烈的愿望就能催促自己创作出和心愿相称的作品来。

当然了，并不是说只要有了强烈的愿望，并不断在心中祈求，就理所当然会有个好的结果。如果内心真是这么祈盼的，就一定会表现在态度和行动上。换言之，为了实现自己的愿望，身心都会全力以赴于内心祈盼之事上。

因此，如若内心希望自己能创作出满意的作品，那么就会反复地、彻底地磨练本领，不断开动脑筋、下苦功。看到他人优秀的作品，也会认真学习。有时还会摆脱一切杂念、废寝忘食、一心投身于作品的创作中。保持全神贯注的姿态，才能诞生有灵魂的、优秀的作品。

不仅限于绘画，其他诸事都是如此。想要有一颗素直之心，必须从强烈的愿望开始。

只要有了强烈的愿望，就会不断用功钻研，积极吸收他人的智慧，努力培养一颗素直之心。保持这般热忱，渐渐地我们就能更正确地理解并体会素直之心了。

强烈的祈盼只出现在开始阶段是不够的。也就是说，并非虔诚地许了一次愿，接下来就能自动拥有素直之心了。我们必须时常、不断地在心里许愿。比如每天早上起床，先默念一次心愿，养成这样的习惯，才能一步一步实现心愿。

因此，要想拥有一颗素直之心，我们首先得从心底里持续地、强烈地祈盼它。

审视自我

想要有一颗素直之心，我们就要不断地审视自我，客观地看待自我，改正需要改正之处

人也许自己都没有意识到，我们时常受到自身观念的限制，很难正确地评价自己所做之事。

当然了，也有人说，自己的事自己最明白。确实，旁人怎能比你自己更懂你的内心呢。但是，说到评价一个人的想法和行动究竟是否自以为是，是否合情合理，是否有悖社会人伦，是否符合人之常情，恐怕旁观者会更清楚。人们在思考事情时，总是不自觉地以自我为中心，把自己放在第一位。有时候，在旁人眼里非常怪异之事，人们也自以为是正确的，并沉迷于此。

如果一个人固执于以自我为本位的思考方式，并将它贯彻到底的话，我想他无论做什么事情，都不会顺利的。结果不是旁人受害，就是自己受损。更可怕的是，如果执迷不悟的这个人还处于领导地位，那么不仅他自身会受损，还会误导他带领的一群人。这些人坚信自己的想法绝对正确，不自觉地陷入以自我为本位的想法和专断的行动中，他们误导了周围的人，给自己、给他人甚至给国家带来了极大的损失和不幸。

那么要如何做，才能不陷入以自我为中心的旋涡呢？其中一个方法就是自我审视，也就是先把心"掏"出来，反复审视、客观观察。

正所谓"不识庐山真面目，只缘身在此山中"，我们若太过于深入山中，便会看不清山的真实面貌。山中既有草木，又有土石。这些都是山的一部分，但并不是山的全部姿态。要想看清山的真面目，我们就要离开山，从远处、从外部观察。

人心也是如此。其实每个人在某种程度上都会做自我审视。比如当我们沉迷于某事时，会忽然回过神来，冷静地思考自己究竟在做什么。不过要想时刻冷静下来审视自我，就需要付出努力与实践。当然，将内心剖出，由外至内地观察它，其实是很难的。但通过努力与自我训练，就能逐步做到。

总之，通过自我审视，就能发现自身的偏见与固执，进而改正它。通过正确看待自我，就能避免陷入以自我为中心的旋涡，从而能够正确地判断事物。通过审视自我，我们就可以培养一颗不受偏见与固执束缚的素直之心。这颗心的修养不断提高，我们就能更正确地抓住事物的本质。

自我审视是通向素直之心的一种实践，我们要努力地做好自我审视。

日省吾身

要想培养素直之心，我们就要每日反省自己的所作所为并努力改正不足之处

要想万事成功，反省很重要。若随心而行，则会有成功的时候，也会有不顺利的时候。成功的时候要思考成功的原因；不顺利的时候，也要思考问题出在哪里。这样一来，就可以将反省的成果运用到以后的为人处世中，从而减少失败。如果不反省，总是靠感觉做事，那么就会反复失败。

中国有句名言"居安思危"，这句话的意思是，就算处于稳定、和平的满足状态下，也不能疏忽大意。形势随时都有可能发生变化，因此一定要时刻绷紧神经。

有了居安思危的心态，那么个人也好、团体也好、国家也好，都能保持不松懈的状态。我们试着思考一下，这句名言因何而来呢？我认为是先人回顾了自身的过去，充分反省后得出的经验教训。

也就是说，个人、团体包括国家，做任何事都会遇到瓶颈和危机，进而遭遇失败。当我们深入反省为何会出现这种失败时，就会发现原来是因为一直很顺利，我们就将成功视作理所当然的事，从而懈怠了努力，把必要的思虑给忘了。忘记居安思危，就无法顺应时代和形势的变化，结果就会使自身的力量遭到削弱，造成停滞不前的局面。

我想就是从这样的反省中，先人才有了"居安思危"的经验教训。这样的反省对于预防自身失误、迎接更美好的未来是很重要的。与其事后反省，不如将反省作为日常的一项要务，时常记起它、实践它。

要想养成一颗素直之心，每日的自我反省是很重要的。"今天一天我有没有用一颗素直之心待人接物呢？""虽然那件事很让人生气，但是我是不是被怒气冲昏了头脑呢？""虽然是出于好心说了那样的意见，但是这意见是不是稍稍有些偏颇呢？"我们要试着进行这样的反省，努力做到下次不犯同样的错误。

话虽如此，养成一颗不扭曲的素直之心，不是一朝一夕就能达成的。"昨天我发了火，被怒火蒙蔽了心智，做了错事，今天一定不能这样了"，尽管做了这样的反省，但实际遇到事情的时候，我们还会重蹈覆辙。但是如果我们每天都能反省，并坚持下去，就能渐渐培养起素直之心，就能以更好的态度看待事物并采取相应的行动。

睡前有时间的话，我们就在睡前进行这一天的反省，仔细想想今天的自己有没有素直行事。

反复诵读

要想培养一颗素直之心，我们就要不断将这个愿望诵读出来，并互相鼓励

清楚地认识了素直之心的重要性，每日强烈祈愿自己有一颗素直之心，那么我们就能渐渐地养成一颗素直之心。这种状况当然非常理想，可是在现实生活中，我们常常会因为忙碌而将养成一颗素直之心的愿望给遗忘了。

因此，为了不遗忘，我们要时常谈及它，并互相鼓励："我们一起努力培养一颗素直之心吧""要有一颗素直之心呀"，把这些祈愿像口号一样反复诵读。

比如早上碰了面，就互相打招呼："早上好""今天也要用一颗素直之心度过！"工作会议之前，大家一起说："那么我们用一颗素直之心来参与讨论吧。"说话的时候也时常心系素直的精神，一边对自己说：

"如果坦率地思考，事情会成这样""客观地看，可以这么说吧"，一边进行交流、谈话。

我们在日常的所有对话与行动中，要无时无刻、不分地点地将拥有一颗素直之心的祈愿放在心上，挂在嘴边。佛教中有个词叫做"念佛三昧"（专心念佛之意），我们也要做到"素直三昧"。不仅自己要做到"素直三昧"，还要和大家一起专心培养素直之心。

彼此之间都表现出"素直三昧"的姿态，那么我们不管想什么、做什么都会毫不掩饰，自然而然地朝这个方向努力，渐渐地，大家便都能用素直之心思考并判断事物了。

当然，仅仅将拥有一颗素直之心挂在嘴边，不一定就能养成素直之心。将其挂在嘴边，是为了不忘记这个心愿，但光说不练也不行，我们还要付诸实际行动。

伴随实际行动，像口号一样不断挂在嘴边，时刻诵读，我们才能不忘记培养一颗素直之心的心愿，不断为拥有素直之心而努力。因此，反复诵读是养成一颗素直之心的重要环节。

亲近自然

要想养成一颗素直之心，我们就要全身心地亲近大自然，体会大自然的朴实无华

要想养成一颗素直之心，其中一个关键的实践环节就是亲近大自然，体会大自然的各种姿态。

大自然既没有私心，也不会故步自封。大自然里的事物都没有掩饰，完全以素直淳朴的姿态运作着。因此，将我们的身心放到大自然之中，安静地观察自然的姿态、动向，就能从中切身地感受到素直之心，理解素直之心，就能发自内心地培养一颗素直之心。

比如，试着观察在大自然玩耍的鸟兽，看小鸟自由地飞翔嬉戏，野兽随意地奔跑捕食，就能得到培养素直之心的启发。

当然不限于动物，从原野、山川、大海中，我们都能获得培养素直之心的启发。自然界的纯真姿态没有私心、没有束缚，动植物都自然而然地过着它们的日子。

接触大自然的方方面面，就能培养一颗自由的、素直的心。就连一枝花都是毫无私心地、自然而然地、率性地绽放着。看到绽放的花朵，自然有人什么都感觉不到。但是，内心强烈渴望能有一颗素直之心的人，或许可以从中发现一些伟大的启示吧。

想要养成一颗素直之心，就去接触大自然吧，观察大自然的运行，学习它的率真。虽然大自然的运行和动向，并非全部都能成为修养素直之心的参考，但只要内心强烈祈盼能有一颗素直之心，那么哪怕是从身边最微小的事物中，也能获得启发。

接触大自然，到远离人烟的深山里亲近自然当然重要，但其实从我们身边的一草一木中，也能获得一些体会。

作为培养素直之心的实践之一，我们要不断地、用心地亲近大自然，学习大自然的率真以及它率性的运行方式，从中我们会获得一定的感悟。

向先人学习

要想培养一颗素直之心，我们就要学习先人宝贵的教诲，并听从这些教诲

要想养成一颗素直之心，一项重要的实践是学习先人宝贵的教诲及其思想。很幸运的是，我们能通过书籍了解过去伟人们的思想和品行。在这些先人的思想和品行之中，处处体现了素直之心的修养。

这些思想和品行几乎都不会直接用"素直之心"来解释，但它们丰富了人们的内心，给烦恼的人带去了希望与光明，令人们产生创造更好生活环境的动力，给人们明确指出了生存之道，为提高人类幸福感做出了贡献。这些思考和品行的背后，其实都是一颗素直之心发挥着作用。

先人们不拘成见，心怀素直之道，看清了事物的本质，因此才诞生了许多伟大的思想和教诲。因此，就算他们的思想和品行并没有被冠以素直之心的名头，也都是素直之心的体现，因此也是我们养成素直之心的宝典。

学习这些伟大先人们的思想和品行，就能在无形中养成一颗素直之心。就算做不到像先人们那样，也能从中获得许多宝贵的启发。

那么，我们该学习什么样的先人呢？我们可以学习的人不局限于某一种类别，作为哲学家构筑发展了哲学基础的伟人；作为宗教学家悟出了正确教义教导人们的大师；作为优秀科学家有很多新发现、做出许多充满创意的发明的伟人；作为出色的政治家行仁政，提高人们幸福度的伟人等，都是我们学习的对象。

这些先人们在各自的时代，站在各自的立场追求真理，并发现了真理。可以说是这些先人们基于真理归纳并改进的思想指导了人们，并给我们的生活带来了诸多益处。

而他们之所以能发现真理，是因为素直之心起了作用。

先人们用一颗素直之心看待人和事物，审视这个世界，才有了这些思想和品行。因此只要学习先人的思想和品行，就可以领悟先人们的教诲，更好地养成一颗素直之心。

总而言之，要想养成素直之心，重要的是学习众多先辈们的宝贵教诲以及他们的思想品行。我们要熟读以下三类书：记录先人教诲的书籍、记录先人思想和品行的书籍以及先人们的代表性著作。

常识化

要想培养一颗素直之心，我们就要将这一行为变为大家普遍能接受的常识

我们想培养一颗素直之心，就要充分并正确地认识素直之心的重要性与必要性。也就是说，我们要将培养素直之心当做一个公认的常识。

就如大家都认为人就应该接受某种程度的教育这一常识一样，我们也要将"人就必须要养成一颗素直之心"变为常识。

如果真的成了常识，那么父母会从孩子小时候起，就认真考虑如何才能培养孩子的素直之心。

这样一来，幼儿教育中的一项内容就将会是培养素直之心。此外，在义务教育阶段也会把培养素直之心作为基础教育的一环，加大它的比重。给孩子看的书中，就会经常提到素直之心，或时常出现呼吁大家要有一颗素直之心的语句。

在家庭中，家人们也会一起培养素直之心，并用一颗素直之心经营生活。如果家里的任何一个人有"不素直"的想法，或有"不素直"的行为，大家就会为他操心，帮助他改过。

如果培养素直之心遇到了瓶颈，还可以设置专业培养素直之心的机构。在这个机构里，不论男女老少，谁都可以入门学习素直之心。在三个月内，人们可以从各种角度学习、认识并提高对素直之心的理解。

如果素直之心的重要性以及培养素直之心是一个社会公认的常识的话，人们就会努力促进素直之心的养成。除了刚才所说的儿童读物之外，成人书籍、广播、电视和电影等多种传播渠道中都会提到素直之心。

我们经常可以看到一些描写人类生存方式的小说和戏剧，在这些小说和戏剧中，经常将爱与恨、悲伤、愤怒等作为主题来描写。那么素直之心也可以作为话题拿来描写。也就是说，如果爱可以作为小说的主题，那么素直之心也可以作为小说的主题。我认为，这会比以爱为主题的小说更有趣、更令人感动。

如果培养素直之心能够成为共识的话，在社会的各个层面，素直之心就能以各种形式被频繁提起，其重要性就能得到多方面的强调。这样一来，大家就都会为培养一颗素直之心而努力。

因此，要想培养一颗素直之心，我们就要将培养素直之心，也就是"作为人，谁都必须培养素直之心"这件事，变为社会常识。

不忘培养素直之心的方法

要想培养素直之心，我们就要开动脑筋想一个不会忘记培养它的办法

不管我们用多强的意志下决心记住培养素直之心这件事，随着岁月的流逝都会淡忘它。就算淡忘程度低，在一天 24 小时内，在我们所有的想法、态度和行动中，我们的素直之心也很难都发挥作用。

为了不忘记初衷，我们就要开动脑筋想点办法。

比如将培养素直之心这个愿望寄托在一个物件上，然后将它随身携带。我们可以制作一个别在胸前的"素直徽章"，时常戴着，提醒自己不忘初心。除此之外，蝴蝶结、戒指以及念珠等都行。总之，将这些物件带在身边，提醒自己不要忘记养成一颗素直之心的愿望。

此外，可以确定一个固定的动作。比如我们在拜神佛的时候，会做出双手合十的动作；直面危机时、希望所做之事有所成就时，我们也会情不自禁双手合十向神佛祈祷；遇到大事，想要保持冷静、沉着处理事务的时候，我们会深呼一口气或者闭上双眼。

通过这些动作，我们得以调整、端正自己的心态。当然，虽说做了这些动作，也不一定能有理想的成效。但是做与不做，还是会有不同。

所以我建议，想要有一颗素直之心，用一颗素直之心处理事情的话，我们就确定一个动作吧。就像双手合十向神明祈祷一样，将我们的这个动作变为一种习惯，那么我们就能通过这个动作，牢记自己的初衷。

　　为了时刻记得培养一颗素直之心，我们其实可以想出很多办法来。随身携带物品的方法，确定一个动作的方法，以及将这两个办法结合在一起使用的办法，等等。

　　开动脑筋想办法，我们就能时刻不忘初心，并且一步一步提高素直之心的修养。

体验汇报

我们要将培养素直之心的实践体验互相汇报并进行研究

我们在充分理解了培养一颗素直之心的内容与意义之后，再努力用一颗素直之心经营生活，就能渐渐地以素直之心看待、思考问题，而进行"体验汇报"能更好地促进这个过程。

所谓"体验汇报"，就是将我们用素直之心看待、思考问题并采取行动的内容互相汇报、互相参考，并进一步讨论，以便大家深入彻底地理解素直之心。

每个人有自己的生活和社会活动，因此在努力培养素直之心的道路上，实践的内容与形式也各有不同。再加上我们每个人生活和活动的范围都是有限的，我们只知道自己的实践内容，而无法得知其他人的实践内容。

因此，如果我们把各自的实践体验汇报出来，彼此间就能够知道更多的实践内容，发现自己以前没有意识到的事，获得各种启发。

通过开展汇报会，就能吸取除了自己以外的、更多人的办法和经验，更好地培养素直之心。

互相汇报各自的体验，是培养素直之心的一个极其重要的实践环节。

那么如何开展汇报会呢？可以五个人每月小聚一次，汇报各自培养素直之心的实践内容。在会上，大家先汇报自己在公司、家庭生活甚至街边偶遇的一些体验；然后发表诸如"A 先生的经历真是素直之心的体现啊""B 小姐的经历是不是有'不素直'的一面呢"等评论，展开讨论和讲评。

我们还可以给这个汇报会起个名字，比如"素直会""素直讲座""素直研究会"等。用这种聚会的方式，通过经验汇报、研究，极大地推进素直之心的培养与提高。

要想养成素直之心，一方面要展示积极的态度，经常自问自答"我有没有用素直之心看待事物、思考问题呢"。另一方面，要在素直汇报会上广泛征求他人的意见，询问大家关于自己实践内容的正误，然后将其作为参考，一步一步努力提高素直之心。

素直之心的体验汇报会，对于培养素直之心是非常重要的。为了互相培养并提高素直之心，我们有必要在社会各个层面开展素直之心的实践汇报讨论会。

团体行动

要想培养素直之心，彼此间的互相帮助是很重要的

我们在培养素直之心的时候，通常自己一个人想各种办法，然后去实践它。这在培养素直之心方面是非常重要的。

但是，一个人单独行动，有时会忘记自己的初衷或是惰于实践。人总是会有纵容自己的一面。就算当初下定了决心，但随着时间的流逝、岁月的推移，决心也会被淡忘，我们又会回归原来的状态。

因此，为了不忘初心，以团体为单位，共同培养素直之心也是非常重要的。也就是说，交一个"素直之心之友"或者建立一个"素直之心实践团体"，不失为一个好办法。

这个团体的成员可以是原来就频繁联系的朋友、同事、邻居和家人，也可以重新建立一个新团体。

有了团体，就可以共同培养素直之心。成员之间就可以互相帮助，努力使自己的素直之心有所提高。定下团队的口号，并时常诵读。这样一来，不管何事，所有参与的成员就都不会忘记培养素直之心的初衷了。

成员的一言一行是否出自素直之心，还可以由其他成员进行监督并给予建议。万一有人纵容自己或是忘记了初衷，有其他成员的帮助，就可以立刻反省并改正。

团队成员是"培养素直之心的伙伴"，他们之间会抓住各种机会，互相关照，一起开动脑筋，共同付诸实践。

这样的团体将来最好能推广到全社会，尽可能让更多的人加入到培养素直之心的活动中来，让培养素直之心成为一个社会常识。

这样一来，大家才能手牵着手，毫不松懈地共同迈进。

6

保有一颗素直之心

每个人都需要一颗素直之心

在前面各章中，我们从各种观点入手，分析思考了如何培养一颗素直之心。我认为不仅要从个人的人生和生活层面上，还要从整个社会活动的层面上考虑素直之心的培养问题。

我们在政治、经济以及教育上追求更高的层次固然很重要，但这些东西的根本出发点是一颗素直之心。比如我们在讨论政治的时候，保持素直之心就很重要。

当今社会，有许多精通学问、知识渊博的人，但是这些人中有一部分人只关注知识与学问的修养，缺少人本来就有的素直品质，从而引发诸多问题或错误。

我深刻地感觉到，今后我们有必要正确理解素直之心，培养并提高它，然后用素直之心思考政治，思考经济，思考社会，思考我们的全部生活。

每个人都需要素直之心，以政治家为首的各领域的领导者更要有一颗素直之心，并要将培养素直之心放在第一位。因为若领导者有素直之心，就能把握事物的真相，给人以正确妥当的指导。反之，若领导者没有素直之心，就难以做出令人满意的指导。因此，以政治家为首的各领域领导者，都要重视培养素直之心，然后用一颗素直之心实事求是地做出正确的指导。

我自己从很久以前就一直想要养成一颗素直之心。回顾过去，我也犯过许多错误。探寻当时的心迹，我发现自己好像被什么东西蒙蔽了眼睛，白白浪费了许多时间和精力。那些看似成功的人，其实在他们通向成功的路上一直都在犯错。我也一样，不断地犯错才是我真正的脚步和状态。

迈出第一步

我们前面已经陈述过，要想培养一颗素直之心，必须从热切地盼望这个心愿能实现开始。时刻铭记培养素直之心的重要性，接受他人的教诲，再加上自己的努力，渐渐地就一定能养成素直之心。

通过实践，能够养成何种程度的素直之心，每个人是不一样的。有些人能达到顿悟的高境界。有些人虽然达不到最高的境界，但只要能在日常生活中时常发挥素直之心的作用，就能避免犯错。如果这也做不到，但能时常想起素直之心的重要性并进行自我反省，也很不错。我相信，最后一点还是很多人都能做到的。

听说学习围棋的人只要自主练习一万次，就算没有老师的指导，也能够达到初段水平。培养素直之心也是如此吧。每天在心里祈祷，并时刻牢记这个心愿。时常检讨、反省自己的行为有没有体现素直之心；时常回顾、反省自己的看法是否存有偏颇之处，是否固执己见。这样坚持一年、两年、三年，直至三十年，就一定能达到素直之心的初段。

若到了素直的初段，除了特殊情况另当别论之外，人们就大致上都能做出准确的判断和行动了。

只要努力，几乎所有人都能达到素直之心的初段。那些一直坚持的人，就算成不了素直之心的"国手"，也能成为仅次于"国手"的厉害人物。就算不厉害，也能有八段、五段或者三段的水平吧。若成为素直之心的国手，那么就相当于圣人了。反过来，想要成为真正的圣人，就十分有必要培养素直之心并将它提升到最高的境界。

对于普通人来说，达到素直之心的初段水平就很优秀了。达到初段，就能独当一面，很好地胜任领导的位置，日常生活也能畅通无阻。因此，我们先以达到初段为目标，这也是大多数人都能达到的目标。

我认为，从孩子幼年期开始就培养素直之心是十分有必要的。

在学校教育方面，作为基础教育的根本，要教导学生有一颗素直之心。经过这一番教导，至义务教育结束时，我们至少能够培养一批素直之心达到三级水平的孩子。

如若这些都能实现，那么这些孩子今后就能更顺利地到达素直之心的初段水平了。

为人处世当谦虚宽容

我想每个人都希望自己能幸福，并建立一个大家都能幸福生活的社会。

但现实情况是，我们身边有许多人总是在担心、害怕或烦恼。悲伤、愤怒或憎恨的情绪搅得他们心绪不宁，不满或嫉妒的情绪又使他们心情郁闷。

为什么会这样呢？每个人都有自己的原因，不能一概而论。但我认为归根结底是因为素直之心没有起作用。缺乏素直之心，我们可能因为他人不顺从我的看法；他人反对我的意见；他人轻视我、不愿意认同我；这件事对我无益；他人明显错了；他人做了令我不高兴的事情等理由，而指责、怨恨他人。

当然，我认为有情绪是人之常情，有时也是情非得已。但不能因为这样就将问题束之高阁。如果将其束之高阁，坏情绪就会使我们陷入烦恼之中，不利于我们实现幸福生活的愿望。

当对方做出让自己看不惯的事，或是对方犯错之时，我们不要一味地厌恶、指责，而要友好平和地处理。保持友好平和的态度，在谈笑间指出对方的问题，才能让人承认错误并努力改正。

如果我们有一颗素直之心，就能以公正的眼光平和地看待每个人和每件事。我们就不会固执于自己的偏见与成见，就能秉持一视同仁、公正无私的思考方式与态度。

此外，我们不能全部否定犯错之人的思想。不管是何种思考方式，都有它值得借鉴与学习的地方。这种虚心学习的态度能够使我们充分吸收各种思想的精华。

有的人坚持自己一贯的方针，否定一切反对自己方针的人或意见。坚持自己的方针当然是好的，但若是对方也有自己的方针，彼此间相持不下，难免就会起争斗。

因此，我认为我们有必要反复确认一个共识：每个人都希望幸福地生活。在这个共识下，人们才能渐渐减少相互间的怀疑、误解、否定以及厌恶。

就算坚持自己的方针，也要积极借鉴他人的方针，保持相互学习的谦虚态度。以谦虚的态度互相学习，才能使我们走上一条更美好的道路。

就像我在前面几个章节中提到的那样，只要怀有素直之心，就会自然而然地产生谦虚的态度和宽容的精神。

以素直之心对待生活，我们就能用宽容、谦虚的态度认可彼此、互相借鉴，我们的生活也将变得更加美好，最终每个人都能获得幸福。

面对罪恶应冷静沉着

当我们拥有一颗素直之心时，应该如何用素直之心面对罪恶呢？

关于罪恶，每个人都有不同的看法。我认为，妨碍社会生活安定发展的事情就叫罪恶。因为罪恶不是一件好事，因此大家都会憎恶它，否定它，排斥它。

从古至今，人们都厌恶罪恶，强烈希望它能从我们的生活中消失，并为之做出了许多努力。这些值得敬佩的努力在一定程度上减少了罪恶。但是，不论在什么年代，罪恶都不会彻底消失。时至今日，仍有许多人不断遭受罪恶的折磨。

罪恶究竟从何而来，我们未曾知晓，也许和人类的本性有关吧。既然无法将罪恶从我们的生活中铲除，我们要如何应对才好呢？首先，我们要坦率地接受它的存在。努力减少罪恶是一定的，但既然无法根除，我们就要坦率地接受它，并思考如何用素直之心来应对它。

如果我们有素直之心，就自然会明白，罪恶不仅无法根除，还会在一定程度上存在于我们的生活中。因此，我们努力减少罪恶的同时，也无须为罪恶的存在过于烦恼，更不要过于激动，过分憎恶罪恶。心怀素直之心，我们便能冷静沉着地看待罪恶。

为了将罪恶完完全全从我们的生活中驱赶出去，也许我们可以将法律制定得更详尽、更严厉一些；或者无限度地增加惩治罪恶的力量；又或者把道德层面的规范制定得更详细、更复杂。如此一来，我们的生活将会变得十分拘束，人们反而会更痛苦，说不准更容易引发大的罪恶。因此，我认为培养一颗素直之心比上述三个举措都更为有效。

我们若是有一颗素直之心，便可以不受情绪操控，而能冷静地看待罪恶。我认为应对罪恶的方法之一便是承认它的存在，正确地对待它，在生活中包容它、宽恕它。

佛教中经常提到佛心，或者说是佛的慈悲为怀。也就是说，无论多么罪大恶极的人，佛祖都会采取慈悲包容的态度去宽恕他。于是像冰冷的冰块在温暖的阳光下渐渐融化一般，这个大恶人的恶念也会因为佛祖的慈悲为怀而减弱消失，直至回归一颗善良之心。

当然了，用慈悲心包容罪恶的同时，思考正确对待罪恶的方法也十分重要。包容罪恶并非放任不管。如果放任不管，便是等于将食物与毒药混为一谈，肯定会产生危害。

我们并不是简单地憎恶或抵制罪恶，而是要在认清和包容它的基础上，想出一条合适的应对之道。通过恰当的处理，削减罪恶的负作用，减少罪恶带来的伤害。有时我们通过妥善地处理罪恶，还能改善生活。

总而言之，只要我们养成一颗素直之心，就会有一颗能包容罪恶的慈悲心，罪恶也能得到妥善的处理，大家便能一步一步过上无忧无虑、平稳和谐的生活。

综上所述，大家应该明白素直之心是多么地宝贵与伟大了吧。

为了彼此的幸福而努力

我们并非独自一人生活，而是相互依靠，共同经营生活。既然是共生，那么一个人的所做所想，都会和其他人有着不可分割的联系。如果他人没有素直之心，就算自己一人拥有，诸事也难顺利进行，生活也难维持下去。

所以就像我一直说的那样，我们在努力培养自身素直之心的同时，还要让更多的人加入到培养素直之心的活动中来。

哪怕多一个人意识到素直之心的重要性，并且真正地去培养它、提高它，也能多一个人用宽大、温和的态度发挥它的作用，进而我们就能逐步实现更好的生活，每一个人的幸福感也能得到进一步的提高。

大家都有一颗素直之心的话，我们就能公正地接受并灵活运用一切事物，让事物以和谐的姿态顺利展开。这样一来，不仅可以获得令人满意的成果，还可以使我们的生活更好、更幸福。

　　让我们都有一颗素直之心吧！素直之心可以令我们变得更强、更正直、更聪明、更勇敢，还能创造更好的社会环境，给我们带来更大的幸福。

后记

在培养素直之心时，如果有一本书作为参考，那就太方便了。真有这么一本书，我们就能时不时地读一读、翻一翻，将里面的内容牢记心中。或是将这本书放于案头，每每看到它，就能思考素直之心。

参考书其实有很多，关键取决于我们怎么想。比如记录过去伟大圣贤、优秀前辈宝贵教诲的书籍就很不错，在这些书籍中，虽然没有关于"素直之心"的直接表述，但实际上不少内容都是在讲述素直之心。这些书籍对于培养素直之心十分有用，可以作为参考书。

当然，这些圣贤书并没有正面、专业地阐述素直之心，也没有从各个角度进行归纳总结，包含的内容很不全面。也就是说，可以启发你的素直之心的书籍有很多，但全面描写素直之心理论与实践的书籍很少。

就像我在前言里所说的那样，我很久之前就想培养素直之心，并且就素直之心做了多番思考。于是，为了给自己做一个参考，我尝试着整理撰写了这本书。也就是说，此书是我自己为了培养素直之心，而写给自己看的参考书。

因此，这本书未必适合所有想要培养素直之心的人，它还有许多不足之处。尽管它存在不足之处，但我想你们将它作为一本参考书，时常放在身边，并利用它来培养素直之心，还是可以的。我希望大家时常翻一翻这本书，时时反思"有一颗素直之心真重要啊""这里写的话对如今的自己十分有用呢"等内容，然后不间断地去培养一颗素直之心。

我衷心希望本书能帮助大家，让大家愿意去培养素直之心，并通过培养素直之心令生活更美好、更幸福。

此外，在调查书中提到的一些事例时，我参阅了

《人物逸话词典》(森銑三编著.东京堂出版)《日本逸话大事典》(高柳光寿等编著.人物往来社出版),特此备注,以表感谢。

前年的秋天,我在整理此书时,向几个拥有众多PHP杂志读者的公司征集了"培养素直之心的建议",在短短一个月的时间内,共收到了35000多条建议。在整理归纳此书时,我参考了大家的建议,请允许我在此一并表示由衷的感谢。